名师名校名校长

凝聚名师共识
回应名师关怀
打造名师品牌
培育名师群体

初中音乐教学的内容与方法探究

王婷 著

陕西师范大学 出版总社 西安

图书代号　JY24N2267

图书在版编目（CIP）数据

初中音乐教学的内容与方法探究 / 王婷著．
西安：陕西师范大学出版总社有限公司，2024. 12.
ISBN 978-7-5695-4884-6

Ⅰ．G633.951.2

中国国家版本馆CIP数据核字第2024JB5091号

初中音乐教学的内容与方法探究
CHUZHONG YINYUE JIAOXUE DE NEIRONG YU FANGFA TANJIU

王　婷　著

特约编辑	顾　妍	
责任编辑	张　翠　宫　敏　冯晨旭	
责任校对	王　婉	
封面设计	言之凿	
出版发行	陕西师范大学出版总社	
	（西安市长安南路199号　　邮编 710062）	
网　　址	http://www.snupg.com	
印　　刷	北京政采印刷服务有限公司	
开　　本	710 mm×1000 mm　　1/16	
印　　张	16.25	
字　　数	200千	
版　　次	2025年3月第1版	
印　　次	2025年3月第1次印刷	
书　　号	ISBN 978-7-5695-4884-6	
定　　价	58.00元	

读者使用时若发现印装质量问题，请与本社联系、调换。
电话：（029）85308697

前言

　　音乐，作为人类文化的重要组成部分，承载着情感、历史与文化的深厚内涵。音乐教育在人的全面发展中扮演着举足轻重的角色，特别是在初中阶段，这一时期的青少年正处于身心发展的关键时期，音乐教育不仅能够陶冶情操，还能培养学生的审美情趣和提高创新能力。本书围绕初中音乐教学展开，旨在深入探讨音乐教育的理论基础、教学内容、教学方法、教学实践与评价、教师专业素养及教学环境等多个方面。

　　当今社会，随着教育改革的不断深化，音乐教育也逐渐从边缘走向中心，成为素质教育不可或缺的一环。然而，初中音乐教学并非易事，它要求我们不仅要传授知识，更要启迪心灵，引导学生在音乐的海洋中自由遨游，感受音符背后的故事与情感。本书的撰写正是为了响应这一教育改革的呼声，为初中音乐教师提供系统、全面的教学参考。

　　本书共分为八章，每章都围绕初中音乐教学的不同方面展开深入讨论。

　　在第一章中，我们探讨了初中音乐教学的理论基础，包括心理学、美学、社会学以及认知发展等多个维度，为后续的教学实践奠定坚实的理论基础。

　　在第二章中，我们详细分析了初中音乐教学的具体内容，从基础知识到技能培养，再到欣赏与鉴赏，以及音乐创作与表演，全面覆盖了音乐教学的各个方面。

在第三章中，我们深入探究了初中音乐教学的各种方法，包括传统方法、现代教育技术的应用，以及创新性教学方法的探索与实践。我们相信，灵活多样的教学方法能够激发学生的学习兴趣，提高他们的学习效果。

在第四章中，我们展示了初中音乐教学案例的选择标准，深入剖析了教学实践中的挑战与对策，以及这些案例所带来的启示与反思。这些真实的案例将为教师们提供宝贵的参考和借鉴。

在第五章中，我们详细探讨了初中音乐教学评价的目的与原则、内容与方法、实施与改进，以及对教师专业发展的影响。我们希望通过科学的评价体系，帮助教师全面了解学生的学习情况，及时调整教学策略。

在第六章中，我们重点讨论了初中音乐教师应具备的专业素养，以及如何构建有效的教师培训体系和评估培训效果。同时，我们为教师提供了专业发展的多种途径，以期帮助他们不断提升自己的教学能力。

在第七章中，我们从硬件和软件两个方面探讨了初中音乐教学环境的建设，并分析了教学环境对学生学习的影响以及优化策略。我们相信，一个优质的教学环境能够为音乐教学提供有力的支持。

在第八章中，我们探讨了初中音乐教学与其他学科的融合，包括语文、美术和历史等学科。这种跨学科的融合教学不仅能够丰富音乐教学的内容，还能够培养学生的综合素养，提升他们的创新能力和解决问题的能力。

在撰写本书的过程中，我们得到了许多专家和一线教师的支持与帮助。他们的宝贵意见和建议使本书更加完善和实用。在此，我们向他们表示衷心的感谢！

目录

第四章　初中音乐教学的实践与案例分析

第五章　初中音乐教学评价研究

第六章　初中音乐教师的专业素养与培训

第七章　初中音乐教学的环境建设

第八章　初中音乐教学与其他学科的融合

第一章

初中音乐教学的
理论基础

第一节　初中音乐教育的心理学基础

一、学生音乐心理特征

（一）不同年龄段学生的心理特点及其对音乐学习的影响

在初中阶段，学生正处于青春期初期至中期，这一时期的心理发展极为复杂且多变，对音乐的态度和兴趣也随之展现出鲜明的年龄特征。

1. 低年级学生的心理特点与音乐学习

低年级学生（年龄为9～13岁）正处于从儿童向青少年过渡的阶段，他们的好奇心旺盛，对周围世界充满探索欲。在音乐学习中，这种好奇心表现为对新颖、有趣的音乐形式和内容的高度兴趣。他们倾向于喜欢旋律优美、节奏明快、易于上口的歌曲，这些音乐元素能够迅速吸引他们的注意力并激发他们的学习热情。此外，这个阶段的学生往往通过模仿和直观感受来学习音乐，他们乐于参与集体歌唱、舞蹈等活动，享受音乐带来的快乐与成就感。

为了更好地满足低年级学生的需求，音乐教师应设计生动有趣的教学活动，如音乐游戏、角色扮演等，让学生在轻松愉快的氛围中感受音乐的魅力。同时，教师可以利用多媒体教学手段，展示丰富的音乐视频和图片，拓宽学生的音乐视野，激发他们的学习兴趣。

2. 中年级学生的心理特点与音乐学习

随着年龄的增长，中年级学生（年龄为13～14岁）开始进入青春期中期，他们的心理发展逐渐复杂。这一时期的学生开始具备初步的抽象思维能力，对音乐的欣赏不再仅仅停留在表面，而是能够更深入地理解音乐的内涵和情感表达。他们开始关注音乐作品的创作背景、作曲家的生平故事以及音乐风格的特点等，对音乐的审美能力和鉴赏能力有了显著提升。

在音乐教学中，教师应注重培养学生的音乐分析能力和批判性思维。可以通过引导学生分析音乐作品的曲式结构、和声运用、旋律发展等技巧，帮助他们深入理解音乐的内在逻辑和美学价值。同时，教师可以鼓励学生参与音乐创作和改编活动，激发他们的创造力和想象力。

3. 高年级学生的心理特点与音乐学习

高年级学生（年龄为15～16岁）已经接近青春期的尾声，他们的自我意识进一步增强，开始更加关注个人形象与同伴关系。在音乐学习中，这种心理变化表现为对个性化音乐风格的追求和对音乐社交活动的热衷。他们希望通过音乐来表达自己的情感和态度，同时渴望在同伴中展示自己的音乐才华。

针对高年级学生的特点，音乐教师应提供多样化的学习资源和平台，满足他们个性化的学习需求。可以组织音乐社团、合唱团、乐队等团体活动，让学生在集体中学习和交流音乐知识，培养他们的团队协作能力和社交能力。同时，教师可以鼓励学生参加音乐比赛、演出等展示活动，为他们提供展示自我、锻炼胆量的机会。

（二）音乐兴趣与动机的心理学分析

音乐兴趣与动机是驱动学生音乐学习的两大关键因素。它们相互作用、相互影响，共同构成了学生音乐学习的内在动力。

1. 兴趣对音乐学习的影响

音乐兴趣是学生对音乐活动产生的积极态度和倾向性。它源于学生对音乐的内在需求和对美好事物的向往。心理学研究表明，兴趣是推动个体进行认知活动的重要动力之一。在音乐学习中，兴趣能够促使学生主动接触和学习音乐知识，积极参与音乐活动，从而获得更多的学习体验和成就感。

为了激发学生的音乐兴趣，教师应注重教学内容的多样性和趣味性。可以通过引入流行音乐、民族音乐、古典音乐等多种音乐类型，满足学生不同的审美需求。同时，教师可以运用故事讲述、情景模拟等教学方法，将音乐知识融入生动有趣的情境中，激发学生的学习兴趣和好奇心。

2. 动机对音乐学习的影响

动机是影响学生音乐学习的重要因素之一。它分为内在动机和外在动机两种类型。内在动机源于学生自身的兴趣、好奇心、成就感等内部因素，能够促使学生持久地投入音乐学习；而外在动机则来自外部的奖励、表扬、竞争等刺激因素，能够在一定程度上激发学生的短期学习热情。

在音乐教学中，教师应综合运用各种动机激发策略。一方面，教师可以通过设置合理的目标、提供及时的反馈和奖励等方式来激发学生的外在动机；另一方面，更重要的是要关注学生的内在需求，培养他们的学习兴趣和自主学习能力。教师引导学生发现音乐的魅力、体验音乐带来的快乐与成就感，激发他们的内在动机，使他们能够真正热爱音乐、享受音乐学习的过程。

（三）音乐学习中的情绪与情感调节

音乐学习是一个充满情感体验的过程。学生在音乐学习中会经历各种情绪变化，这些情绪状态不仅影响学生的学习效果，还对学生的心理健康产生深远影响。

1. 情绪在音乐学习中的作用

情绪是音乐学习中不可或缺的一部分。它既是音乐表达的重要内容之一，也是影响学生学习效果的关键因素之一。积极的情绪状态能够激发学生的学习热情和创造力，使他们更加专注于音乐学习；而消极的情绪状态则可能导致学生学习动力不足、学习效果不佳甚至产生厌学情绪。

在音乐教学中，教师应注重营造积极向上的学习氛围，可以通过设置情境、引导想象、鼓励表达等方式来激发学生的积极情绪。例如，在教授一首歌曲时，教师可以先讲述歌曲的创作背景和情感内涵，引导学生想象歌曲所描绘的场景和氛围，然后让学生跟随音乐旋律进行演唱和表演，感受歌曲所表达的情感和意境。这样不仅能够让学生更好地理解音乐作品，还能够激发他们的学习热情和创造力。

2. 情感调节在音乐学习中的重要性

情感调节是指个体在面对情绪变化时能够采取适当的策略来保持情绪稳定的能力。在音乐学习中，学生需要具备一定的情感调节能力来应对各种情绪挑战。例如，在遇到困难或挫折时能够保持冷静和乐观的心态；在取得成绩或进步时能够保持谦虚和进取的态度等。

为了帮助学生学会情感调节，教师可以采取以下措施：一是加强与学生的沟通交流，了解学生的情绪状态和内心需求；二是提供情绪调节的方法和技巧，如深呼吸、放松训练等；三是通过音乐活动来培养学生的情感表达能力，让他们学会用音乐来表达自己的情感和态度。例如，可以组织学生进行即兴创作或改编活动，让他们在创作过程中表达自己的情感和想法，或者通过合唱、乐队演奏等团体活动来培养学生的团队协作精神和情感共鸣能力。

二、音乐感知与认知过程

（一）音乐感知的基本要素

音乐感知作为人们接触音乐的第一步，是对音乐的直接反应与初步加工过程，其基础建立在几个核心要素之上：音高、音强、音色与节奏。

1. 音高的感知

音高，即声音的高低，是音乐中最基本的要素之一。人耳对音高的感知具有高度的敏感性，能够区分并记忆不同音高的声音。在音乐中，音高的变化构成了旋律的起伏，是表达情感、塑造音乐形象的重要手段。因此，在音乐教育中，培养学生的音高感知能力尤为重要。通过音阶练习、旋律模唱等活动，学生可以逐渐建立起准确的音高概念，为后续的音乐学习打下坚实的基础。

2. 音强的感知

音强，即声音的强弱，是音乐表现中不可或缺的一部分。它不仅能够增强音乐的层次感，还能通过强弱对比来突出音乐中的重点，引导听众的注意力。在音乐感知中，学生需要学会分辨不同音强的变化，理解其在音乐中的作用。教师可以通过不同力度演奏乐器或演唱不同强弱的音符，让学生直观感受音强的变化，并引导他们将这些感知转化为音乐表达的一部分。

3. 音色的感知

音色是声音的特色和品质，它决定了声音的独特性和辨识度。不同的乐器和人声具有各自独特的音色，这些音色相互交织，构成了丰富多彩的音乐世界。学生需要培养对音色的敏锐感知力，以便更好地理解和欣赏音乐作品。教师可以通过展示不同乐器的演奏视频或音频，让学生聆听并分辨各种音色的特点，同时鼓励他们尝试模仿和创造不同的音色效果。

4. 节奏的感知

节奏是音乐在时间上的组织，音乐的节奏常被比喻为音乐的骨髓，是音与间之间长短关系和强弱关系所组成的序列。学生对节奏的感知能力直接影响其音乐表现力和节奏感的培养。在音乐教育中，教师可以通过拍打节奏、演唱节奏型等活动，帮助学生建立起稳定的节奏感，并引导他们探索不同节奏型在音乐中的运用和变化。

（二）音乐认知的心理机制

音乐认知是在音乐感知的基础上，对音乐信息进行更深层次加工的心理过程。它涉及记忆、想象、思维等多种心理机制的协同作用。

1. 记忆在音乐认知中的作用

记忆是音乐学习的重要基础。它不仅帮助学生巩固所学的音乐知识和技能，还积累了丰富的音乐经验。在音乐认知过程中，长时记忆和短时记忆都发挥着重要作用。长时记忆用来存储学生对音乐作品的整体印象和细节信息，而短时记忆则用于处理当前的音乐信息并作出即时反应。教师可以通过反复练习和复习来加强学生的音乐记忆能力，帮助他们更好地掌握音乐知识和技能。

2. 想象在音乐认知中的价值

想象是音乐认知中不可或缺的心理机制。它赋予音乐以无限的想象空间，使学生在欣赏和创作音乐时能够自由驰骋于想象的天地。想象不仅有助于学生更深入地理解和感受音乐作品中的情感和意境，还能激发他们的创造力。在音乐教育中，教师可以引导学生进行音乐想象训练，如让他们根据音乐旋律想象相应的画面或情节，来培养他们的音乐想象力。

3. 思维在音乐认知中的作用

思维是音乐认知中的高级心理过程。它使学生在分析、理解音乐作品时能够深入其内在结构和逻辑关系。音乐思维包括逻辑思维和形象思维两个方面。逻辑思维帮助学生理解音乐作品的曲式结构、和声进行等理性层面的内容；而形象思维则侧重于对音乐作品的感性体验和审美评价。在音乐教育中，教师应注重培养学生的音乐思维能力，引导他们运用逻辑思维和形象思维相结合的方式来分析和理解音乐作品。

（三）音乐学习的认知策略与技巧

有效的认知策略与技巧是提高音乐学习效率和质量的关键。学生可以根据自身的学习特点和需求选择合适的策略来优化学习过程。

1. 分解练习策略

分解练习策略是一种将复杂音乐任务分解成若干个小目标，并将其逐一攻克的方法。这种方法有助于降低学习难度、提高学生学习效率。在音乐学习中，学生可以将一首复杂的乐曲分解成若干个小节或乐句进行练习，或者将一种复杂的音乐技巧分解成若干个简单的步骤进行训练。通过逐步攻克每个小目标，学生可以逐渐掌握整首乐曲或全部技巧。

2. 自我反馈策略

自我反馈策略是学生在学习过程中及时发现问题、调整学习策略的有效方法。在音乐学习中，学生可以通过录音、录像等方式记录自己的演奏或演唱过程，并仔细聆听或观看以发现其中的问题和不足之处。同时，他们可以与同学或教师交流讨论，听取他人的意见和建议。通过不断地自我反馈和调整学习策略，学生可以逐步提高自己的音乐水平。

3. 合作学习策略

合作学习策略是一种促进学生之间交流与互助的学习方法。在音乐学习中，学生可以通过小组合作、对唱对奏等形式进行合作学习。这种学习方式不仅可以激发学生的学习兴趣和积极性，还能促进他们之间的交流与互助。在合作过程中，学生可以相互学习、取长补短，还可以通过互相评价和鼓励来提高自己的音乐表现力和自信心。

4. 实用学习技巧

除了上述策略外，下面还列举了一些实用的学习技巧，可以帮助学生提高音乐学习效率和质量。

（1）有效记忆乐谱：学生可以采用联想记忆法、分段记忆法等方法来记忆乐谱，还可以通过反复练习和演奏来加深对乐谱的理解和记忆。

（2）准确把握音乐节奏：学生可以通过听节奏音频、拍打节拍器等方式来训练自己的节奏感，还可以通过模仿优秀演奏者的节奏处理方式来提高自己的节奏表现能力。

（3）培养良好的听觉习惯：学生应养成认真聆听音乐的习惯，注意分辨不同乐器和人声的音色以及音乐的节奏和旋律变化。长期的听觉训练可以提高学生的音乐感知能力和审美能力。

三、音乐能力与天赋的心理学解释

（一）音乐能力的构成与分类

音乐能力，作为个体在音乐领域内展现出的综合心理特征，其构成复杂而多维，涵盖了感知、表现、创作及审美等多个层面。这些能力不仅相互独立，又紧密相连，共同构成了个体音乐素养的基石。

1. 音乐感知能力

音乐感知能力是音乐能力的基础，它涉及个体对音乐元素的敏锐察觉与理解。这包括对音高、音色、节奏、旋律、和声等音乐要素的识别与分辨。良好的音乐感知能力使个体能够准确捕捉音乐中的微妙变化，感受音乐的情感表达与意境。在音乐教育中，培养学生的音乐感知能力往往通过听音训练、节奏练习、和声分析等途径实现，旨在提升学生的音乐敏感度和鉴赏力。

2. 音乐表现能力

音乐表现能力是指个体通过演唱、演奏等方式将内心对音乐的感受与理解外化为具体音响形式的能力。这要求个体不仅需要具备扎实的音乐技能，还需具备良好的情感表达能力和艺术表现力。音乐表现能力的培养，不仅关注技术层面的精准与流畅，更强调情感的真实传达与艺术的个性展现。在音乐教育实践中，模仿、练习、创作表演等多样化的教学活动可以有效提升学生的音乐表现能力。

3. 音乐创作能力

音乐创作能力是音乐能力的高级阶段，它要求个体能够运用音乐语言进行原创性表达。这包括旋律的构思、和声的编配、节奏的安排以及整体结构的布局等。音乐创作能力的培养，需要激发学生的创新思维和想象力，鼓励他们勇于尝试新的音乐元素和表现手法。同时，音乐教育应提供丰富的创作素材和创作环境，让学生在实践中不断探索和发现音乐的无限可能。

4. 音乐审美能力

音乐审美能力是指个体对音乐作品的审美鉴赏与评价能力。它涉及对音乐美的感知、理解、评价和创造等方面。良好的音乐审美能力使个体能够深入体会音乐作品的艺术价值和文化内涵，形成独特的审美观念和审美趣味。在音乐教育中，培养学生的音乐审美能力，应注重引导学生从多个角度审视音乐作品，理解其背后的历史背景、文化意义和艺术特色。同时，鼓励学生积极参与音乐评论和讨论，提升他们的审美判断力和批判性思维能力。

（二）音乐天赋的识别与培养

音乐天赋是个体在音乐领域所展现出的超常能力和潜质，它既是遗传的馈赠，也是后天努力的结果。在音乐教育中，正确识别并有效培养音乐天赋，对于促进个体音乐才能的充分发挥具有重要意义。

1. 音乐天赋的识别

音乐天赋的识别是一个复杂而细致的过程，需要教师具备敏锐的洞察力和丰富的专业知识。教师可以通过观察学生在音乐课堂上的表现、评估学生的音乐能力水平以及与学生进行深入的交流等方式来初步判断其是否具备音乐天赋。具体而言，教师可以关注学生在音乐感知、表现、创作等方面的突出表现，如音准感强、节奏感好、音色控制力强、创作思维活跃等。同时，教师应考虑学生的兴趣爱好、学习态度和努力程度等因素，综合评估学生的音乐发展潜力。

2. 音乐天赋的培养

对于具有音乐天赋的学生，教师应给予更多的关注和支持，为他们提供更加个性化的教学方案和更加丰富的音乐实践机会。具体而言，教师可以从以下方面入手：根据学生的兴趣特长和发展需求，制订针对性的教学计划；提供多样化的学习资源和实践平台，如音乐比赛、音乐节、音乐工作坊等；鼓励学生参与音乐创作和表演活动，培养他们的创新精神和艺术表现力。此外，教师还应注重培养学生的自主学习能力和团队合作精神，帮助他们建立正确的音乐价值观和人生观。

（三）音乐教育对潜能开发的作用

音乐教育作为一种特殊的教育形式，对于促进学生潜能的开发具有不可替代的作用。

1. 激发创造力和想象力

音乐是一门充满创造性和想象力的艺术。在音乐教育中，学生可以通过音乐创作和表演活动自由发挥想象力和创造力。这种创造性的表达过程有助于激发学生的创新思维和创造力潜能，培养他们的创新意识和创新能力。同时，音乐能够为学生提供丰富的想象空间和情感体验，使他们在音乐的世界中自由翱翔、尽情想象。

2. 培养意志品质

音乐教育在培养学生的意志品质方面也具有独特优势。音乐学习需要长时间的坚持和努力，这有助于培养学生的专注力和毅力等意志品质。在音乐学习和练习中，学生需要克服各种困难和挑战，不断提升自己的音乐技能和表现能力。这个过程不仅能够锻炼学生的意志力和耐力，还能够培养他们的自律性和责任感。

3. 促进全面发展

音乐教育在促进学生全面发展方面发挥着重要作用。它不仅能够提升学生的音乐素养和艺术修养，还能够促进学生在语言、认知、情感等多个方面的均衡发展。在音乐学习中，学生需要运用语言来表达音乐感受和理解音乐作品，需要运用认知能力来分析和理解音乐结构和音乐语言，需要运用情感来体验和传达音乐情感。这种综合性的学习过程有助于提升学生的综合素质和综合能力。

第二节　初中音乐教育的美学理论

一、音乐美学的概念与范畴

（一）音乐美学的定义与发展历程

音乐美学，作为美学的一个分支学科，是研究音乐艺术中美与审美规律的学科。它旨在探讨音乐的本质、音乐的美学价值、音乐与人类情感及社会文化的关系等深层次问题。

音乐美学的形成与发展可追溯至古希腊哲学家，如毕达哥拉斯、柏拉图和亚里士多德等对音乐与美的初步探讨。随着时代的变迁，音乐美学经历了从古典到现代、从单一视角到多元视角的演变，形成了丰富多样的理论体系。

（二）音乐美学的主要流派与观点

音乐美学流派众多，各具特色。其中，形式主义美学强调音乐作品的自律性，认为音乐的美在于其形式结构的完美与和谐；表现主义美学则关注音乐与情感表达的关系，认为音乐是情感的直接流露和宣泄；而接受美学则从听众的角度出发，探讨音乐意义的生成与接受过程，强调音乐的社会性和互动性。此外，还有分析哲学美学、现象学美学等流派，它们从不同的哲学立场出发，对音乐美学的核心问题进行了深入的探讨和阐述。

二、音乐教育中的审美教育

（一）审美教育的目标与意义

1. 审美教育的目标

审美教育的核心目标在于培育学生的审美能力、审美情趣以及审美创造力。这一教育过程致力于使学生学会发现美、欣赏美并有能力去创造美。通过审美教育，学生不仅能够对音乐作品进行深入的欣赏和理解，还能够在日常生活中发现更多的美，丰富自己的生活体验。

2. 审美教育的意义

审美教育对于学生的全面发展具有深远的意义。它有助于提升学生的艺术素养和审美能力。通过学习和实践，学生能够更加敏锐地捕捉到音乐作品中的美，进而提升自己的艺术鉴赏水平。

首先，审美教育能够陶冶学生的情操。音乐作为一种情感艺术，能够直接触动人心，使学生在欣赏和创作过程中得到情感的升华和净化。这不仅有助于培养学生的同理心和人文关怀，还能够促进他们形成积极向上的生活态度。

其次，审美教育能够提升学生的想象力和创造力。音乐创作需要学生发挥想象力，构思出独特的旋律和和声，这一过程本身就是对创造力的锻炼。同时，欣赏音乐作品时需要学生运用想象力去理解作品背后的意境和情感，从而丰富自己的内心世界。

最后，审美教育有助于促进学生的心理健康发展。音乐能够调节人的情绪，帮助学生在面对压力和困难时保持平和的心态。通过审美教育，学生可以更好地利用音乐来宣泄情感、缓解压力，从而保持心理健康。

（二）培养学生音乐审美能力的途径与方法

1. 加强音乐基础知识教学

为了培养学生的音乐审美能力，首先需要加强音乐基础知识的教学。这包括音乐的基本要素，如音高、音长、音色等，以及音乐的表现形式，如旋律、和声、节奏等。通过系统地教授基础知识，学生能够建立起扎实的音乐理论基础，为后续的音乐欣赏和创作打下基础。

2. 积累音乐审美经验

要培养学生的音乐审美能力，还需要引导学生多听、多看、多感受音乐作品。教师可以通过播放各种类型的音乐作品，让学生接触不同的音乐风格和表现形式。同时，教师可以组织学生参加音乐会、音乐节等活动，让学生亲身感受到现场音乐的魅力。

3. 培养音乐鉴赏能力

除了积累音乐审美经验外，还需要注重培养学生的音乐鉴赏能力。教师可以通过分析具体的音乐作品，引导学生学会从多个角度，如旋律、和声、节奏等方面来评价音乐作品。同时，教师可以介绍音乐作品的历史背景、作者生平等信息，帮助学生更全面地理解音乐作品。

4. 激发音乐创造力和表演欲望

为了培养学生的音乐审美能力，还需要通过组织音乐比赛、演出等实践活动来激发学生的音乐创造力和表演欲望。教师可以通过设置创作主题、提供创作素材等方式来引导学生进行音乐创作。同时，教师可以组织学生参加各类音乐比赛和演出活动，让学生在实践中锻炼自己的表演能力和自信心。

（三）审美体验在音乐学习中的作用

1. 深化对音乐作品的理解与感悟

审美体验在音乐学习中扮演着至关重要的角色。通过直接参与和感受音乐，学生能够获得深刻的情感体验和审美愉悦，从而加深对音乐作品的理解和感悟。这种深化理解不仅体现在对音乐元素的把握上，更体现在对音乐背后所蕴含的情感、文化和历史的领悟上。

例如，在欣赏一部古典音乐作品时，通过审美体验，学生可能会感受到作曲家通过音乐传达出的深沉、激昂、忧郁或欢快的情感。这种情感体验会让学生更加走近作品，理解作曲家的创作意图，并与之产生共鸣。

2. 激发对音乐学习的兴趣与热情

审美体验能够激发学生对音乐学习的兴趣和热情。当学生沉浸在美妙的音乐中时，他们会被音乐的魅力所吸引，进而产生学习和探索的欲望。这种兴趣和热情是推动学生持续学习音乐的重要动力。

通过审美体验，学生可能会发现某些音乐类型或风格特别吸引他们，从而激发深入学习和研究的兴趣。他们可能会主动去寻找和欣赏更多的同类型音乐作品，甚至尝试自己创作和演奏。

3. 提升音乐鉴赏力与创造力

审美体验还有助于提升学生的音乐鉴赏力和创造力。更多的审美体验有助于学生逐渐培养出对音乐的敏锐感知，能够更加准确地识别出音乐作品中的优点和不足，形成自己独特的音乐品位。

同时，审美体验能激发学生的音乐创造力。在感受和理解音乐作品的过程中，学生可能会受到启发，产生新的创作灵感。他们可以尝试将不同的音乐元素进行组合和创新，创作出具有个人特色的音乐作品。

4. 促进全面发展与个性成长

审美体验在音乐学习中的作用体现在促进学生的全面发展和个性成长上。音乐作为一种艺术形式，具有独特的审美价值和教育功能。学生可以在享受音乐美的同时，培养自己的审美情趣和审美能力。

第三节　初中音乐教育的社会学视角

一、音乐与社会文化的关系

（一）音乐在社会文化中的地位与作用

音乐，作为人类文化的重要组成部分，自古以来就在社会生活中扮演着举足轻重的角色。它不仅是一种艺术形式，更是社会文化传承、交流与创新的载体。在社会文化中，音乐以其独特的魅力，跨越语言、地域和种族的界限，成为连接人心的桥梁。它既是情感的宣泄口，也是思想的传递者，通过旋律、节奏、和声等元素，表达着人们的喜怒哀乐、爱恨情仇，同时反映着特定时代的社会风貌、价值观念和精神追求。

音乐在社会文化中的地位主要体现在以下几个方面：首先，音乐是文化传承的重要手段。通过音乐教育，年轻一代能够学习到前辈们创造的音乐财富，了解并继承优秀的音乐文化传统。其次，音乐可以提高社会凝聚力。共同的音乐喜好和经历能够增强群体内部的归属感和认同感，促进社会和谐与稳定。最后，音乐是推动社会发展的重要力量。随着音乐产业的蓬勃发展，它不仅为经济增长提供了新的动力，还促进了文化交流和国际合作。

（二）不同社会文化背景下的音乐特征

世界各国的音乐文化丰富多彩，各具特色。这些差异不仅体现在音乐的表现形式、技巧手法上，更深刻地反映在各自的社会文化背景中。例如，中国的传统音乐深受儒家文化影响，注重旋律的优美与和谐，强调音乐的教化功能；而西方的古典音乐则更多地体现了欧洲文艺复兴以来的理性精神和人文主义思想，追求音乐结构的严谨与形式的完美。

此外，不同地区、不同民族的音乐也各有千秋。非洲的音乐以其独特的节奏感和多声部演唱而闻名于世；印度的音乐则融合了哲学和民俗等多种元素，形成了独特的音乐体系；而拉丁美洲的音乐则以其欢快的节奏和热情的旋律著称，充满了对生命和自然的热爱与赞颂。

二、音乐教育与社会发展的联系

（一）音乐教育对社会进步的推动作用

音乐教育在促进社会进步方面发挥着不可替代的作用。首先，音乐教育有助于提升国民素质。音乐教育可以使人们提高审美能力、陶冶情操、拓宽视野，提高自身的综合素质。其次，音乐教育能够促进社会和谐。音乐作为一种非语言的交流方式，能够跨越障碍，增进人与人之间的理解和沟通，减少矛盾和冲突。最后，音乐教育还能激发人们的创新思维和创造力。音乐创作和表演需要不断地尝试和探索，这种过程能够锻炼人们的想象力和创造力，为社会的创新和发展提供源源不断的动力。

（二）音乐教育在文化传承与创新中的作用

音乐教育在文化传承与创新中扮演着至关重要的角色。一方面，音乐教育是文化传承的重要途径。通过系统的音乐教育，年轻一代能够学习和掌握传统音乐的技艺和理论知识，进而将这份宝贵的文化遗产传承下去。另一方面，音乐教育也是文化创新的重要源泉。在传承的基础上，音乐家和学生可以借鉴传统音乐的元素和技法，结合现代审美观念和创作手法，创作出具有时代特色的音乐作品，推动音乐文化的创新发展。

三、音乐教育中的多元文化教育

（一）多元文化音乐教育的意义与必要性

随着全球化的加速发展，世界各国之间的文化交流和融合日益频繁。在这种背景下，多元文化教育成为教育领域的重要议题之一。多元文化教育强调尊重和理解不同文化之间的差异性和多样性，旨在培养学生的跨文化交流能力和全球视野。音乐教育作为多元文化教育的重要组成部分，其意义在于让学生了解不同文化的音乐表现形式和内涵，增进对不同文化的理解和尊重，培养学生的跨文化交流能力和国际竞争力。

（二）多元音乐资源的整合与利用

为了实现多元文化音乐教育的目标，需要充分整合和利用各种音乐资源。首先，可以深入挖掘和整理本土传统音乐资源，将其纳入音乐教育体系之中，让学生了解和传承本土音乐文化。其次，可以积极引进和借鉴国外优秀的音乐教育资源，包括教材、教学方法和教学模式等，丰富音乐教育的内容和形式。最后，还可以利用现代信息技术手段，如网络课程、在线音乐库等，为学生提供更加便捷和多样化的学习途径。

（三）培养学生跨文化音乐交流能力

跨文化音乐交流能力是多元文化音乐教育的重要培养目标之一。为了实现这一目标，需要在音乐教育中注重以下几个方面：

首先，要加强语言和文化知识的学习。学生需要掌握一定的外语能力，积累一定的文化知识储备，以便更好地理解和欣赏不同文化的音乐作品。

其次，要注重实践锻炼。组织国际音乐节、音乐比赛等活动，让学生有机会与来自不同国家和地区的音乐家进行交流与合作，提高跨文化交流能力。

最后，要培养学生的开放心态和包容精神。引导学生尊重和理解不同文化的差异性和多样性，以开放的心态去欣赏和学习不同文化的音乐作品。

第四节　初中音乐教育与认知发展的关系

一、音乐教育与智力发展的关联

（一）音乐对智力开发的促进作用

音乐教育在促进初中生智力发展方面扮演着重要角色。智力是一个多维度的概念，包括观察力、记忆力、想象力、思维力等多个方面，而音乐教育正是通过其独特的艺术形式和表现手段，对这些智力要素进行全面而深入的锻炼和提升。

首先，音乐学习要求学生具备敏锐的观察力。无论是学习乐谱、分析音乐结构，还是观察演奏者的表演技巧，都需要学生细致入微地观察，从而培养他们的观察力和注意力。这种观察力的提升不仅有助于音乐学习本身，还能迁移到其他学科和日常生活中，提高学生的整体认知水平。

其次，音乐学习有助于增强记忆力。音乐中的旋律、节奏、和声等元素需要学生通过记忆来掌握和运用。长期的音乐训练可以锻炼学生的记忆能力，使他们能够更快速、更准确地记忆信息。这种记忆力的提升对于学生的学习和生活都具有重要意义。

最后，音乐学习能够激发学生的想象力。音乐是一种抽象的艺术形式，它通过声音的组合和变化来传达情感和意境。学生在欣赏和创作音乐的过程中，需要运用想象力来构建音乐形象、理解音乐内涵。这种想象力的锻炼有助于培养学生的创新思维和创造力，为他们的未来发展奠定坚实的基础。

（二）音乐与数学、语言等学科的交叉融合

音乐教育不仅与智力发展密切相关，还与数学、语言等学科存在交叉融合的现象。这种交叉融合不仅丰富了音乐教育的内容和形式，还促进了学生综合素质的全面提升。

音乐与数学的交叉融合体现在多个方面。例如，音乐中的节奏、旋律等元素与数学中的比例、对称等概念有着密切的联系。通过学习音乐，学生可以更直观地理解这些数学概念，并在实践中加以运用。此外，音乐创作和表演中的许多技巧和方法也涉及数学原理的应用，如和声构建中的音程关系、曲式结构中的对称与平衡等。这些交叉融合不仅有助于提高学生的数学素养，还能培养他们的逻辑思维和解决问题的能力。

音乐与语言的交叉融合同样显著。音乐和语言都是人类表达和交流的重要工具，它们之间存在着密切的联系。音乐中的歌词、旋律和节奏等元素与语言中的语音、语调、节奏等要素相互交织、相互影响。学生通过学习音乐可以更好地掌握语言的韵律和节奏感，提高语言表达的准确性和生动性。同时，音乐能激发学生的语言创造力和想象力，使他们在语言表达上更加丰富多彩。

二、音乐教育与创造力培养

（一）音乐创作与表演中的创新思维

1. 音乐创作中的创新思维培养

音乐创作是一个充满挑战和创造性的过程，它要求学生具备独特的创新思维和丰富的想象力。

（1）音乐主题的构思。音乐主题是音乐作品的灵魂，它决定了整首作品的风格和情感。在构思音乐主题时，学生需要打破传统思维的束缚，尝试从不同的角度和层面去思考和探索。例如，学生可以从自然、生活、情感等多个方面寻找灵感，通过独特的创意和想象来构思出具有个性和特色的音乐主题。

（2）音乐结构的设计。音乐结构是音乐作品的骨架，它支撑着整个作品的逻辑和发展。在设计音乐结构时，学生需要运用创新思维来安排音乐的段落、节奏、旋律等元素，使作品既具有内在的逻辑性，又充满变化和惊喜。他们可以尝试不同的结构形式，如循环结构、对称结构、自由结构等，以创造出独特的音乐作品。

（3）音乐素材的选择。音乐素材是音乐作品的构成元素，它包括音色、音高、节奏、旋律等。在选择音乐素材时，学生需要充分发挥自己的想象力和创造力，进行不同的尝试，以创造出独特的音乐效果。他们可以从传统音乐中汲取灵感，也可以尝试现代音乐的元素和技巧，通过巧妙地运用和创新来丰富自己的音乐作品。

2. 音乐表演中的创新思维运用

音乐表演是音乐作品与听众之间的桥梁，它要求表演者具备独特的表演风格和创新的表演思维。

（1）表演方式的创新。表演方式是音乐表演的重要组成部分，它决定了表演者如何传达音乐作品的情感和意境。在表演过程中，学生需要根据自己的理解和感受来选择合适的表演方式和技巧。他们可以尝试不同的演奏方法、使用不同的乐器组合、加入独特的表演元素等，以更好地传达音乐作品的内涵和情感。

（2）个人风格的展现。个人风格是音乐表演者的独特标志，它体现了表演者的艺术个性和审美追求。在表演过程中，学生需要充分展现自己的个人风格，使表演具有独特性和吸引力。他们可以通过独特的演奏技巧、个性化的音乐处理、独特的舞台表现等方式来展现自己的艺术风格和个性魅力。

（3）表演过程中的灵活变通。音乐表演是一个动态的过程，它需要表演者具备灵活变通的思维和能力。在表演过程中，学生可能会遇到各种突发情况和意外状况，这时他们需要运用创新思维来灵活应对。例如，他们可以通过即兴演奏、临时调整表演方式等方式来化解尴尬和困境，使表演更加生动和有趣。

（二）音乐教育对学生创造力的激发与培养

1. 提供自由发挥和创造的平台

音乐教育为学生提供了一个自由发挥和创造的平台，这是激发学生创造力的重要前提。在这个平台上，学生可以尽情地表达自己的情感和想象，不受任何限制和约束。

（1）创造宽松的学习环境。在音乐教育中，教师应该为学生创造一个宽松、自由的学习环境。他们应该鼓励学生大胆尝试和创新，允许学生在音乐创作和表演中犯错和尝试。这种宽松的学习环境能够减轻学生的心理压力和焦虑感，使他们更加专注于音乐的探索和创造。

（2）提供多样化的音乐活动。为了激发学生的创造力，音乐教育应该提供多样化的音乐活动。例如，教师可以组织学生进行音乐创作比赛、即兴演奏活动、音乐剧表演等。这些活动能够为学生提供更多的创作机会和展示平台，使他们在实践中不断锻炼和提高自己的创造力。

2. 多样化的教学手段和方法

音乐教育通过多样化的教学手段和方法来培养学生的创造力。这些手段和方法不仅有助于提高学生的音乐素养和表演能力，还能培养他们的创新思维和创造力。

（1）引导学生参与音乐创作。音乐创作是培养学生创造力的有效途径。教师可以引导学生参与音乐创作的全过程，从构思音乐主题到设计音乐结构再到选择音乐素材等。通过亲身参与和实践，学生能够更加深入地理解音乐的本质和创作过程，从而培养出独特的创新思维和创造力。

（2）即兴演奏与即兴创作。即兴演奏和即兴创作是培养学生创造力的有效方法。教师可以组织学生进行即兴演奏活动，让他们在没有任何准备的情况下进行音乐表演。这种即兴的表演方式能够激发学生的创造力和想象力，使他们在瞬间产生独特的音乐想法和表现方式。同时，教师可以引导学生进行即兴创作活动，让他们在短时间内创作出一段音乐作品。这种即兴的创作方式能够锻炼学生的创新思维和快速反应能力。

（3）引入现代科技手段。随着科技的发展，现代科技手段在音乐教育中发挥着越来越重要的作用。教师可以引入数字音乐制作软件、虚拟乐器等现代科技手段来拓展学生的创作空间和手段。这些科技手段能够为学生提供更加丰富的音乐素材和创作工具，使他们在创作过程中更加自由和灵活。

三、音乐教育与情感和社会能力的发展

（一）音乐在情感表达与调节中的作用

音乐，作为情感的艺术形式，具有独特的魅力和力量，尤其在情感表达与调节方面发挥着举足轻重的作用。它不仅是情感的载体，更是情感的调节器，对学生情感的健康发展有着深远的影响。

1. 音乐的情感表达功能

音乐以其独特的旋律、节奏和和声等元素，为学生提供了一个表达情感的广阔空间。当学生感到高兴、悲伤或愤怒时，音乐成了他们宣泄

情感、释放压力的有效途径。通过音乐，学生可以更加直接、深刻地表达自己的内心世界，与听众产生情感共鸣，从而获得情感上的满足和慰藉。

2. 音乐的情感调节功能

音乐不仅具有表达情感的功能，更具有调节情感的作用。当学生处于紧张、焦虑等负面情绪中时，音乐如同一剂良药，能够平复他们的情绪，使他们恢复平静。柔和的旋律和舒缓的节奏能够缓解学生的压力，使他们感受到宁静和放松。

（二）音乐教育对学生社交能力与团队协作能力的影响

音乐教育在培养学生的社交能力和团队协作能力方面同样具有不可忽视的作用。它为学生提供了一个与他人交流和合作的机会和平台，使他们在实践中不断锻炼和提高自己的社交能力和团队协作能力。

1. 音乐教育提供交流与合作的机会

在音乐学习和表演过程中，学生需要与同学、教师等进行密切的合作和交流。这种合作和交流不仅有助于学生提高沟通能力和团队协作能力，还能增进他们之间的友谊和信任。通过共同完成任务和目标，学生能够学会如何与他人有效沟通、如何协调不同意见、如何共同解决问题等重要的社交技能。

2. 音乐教育培养集体意识和团队精神

音乐教育还注重培养学生的集体意识和团队精神。在音乐表演中，每个学生都是团队的一员，他们的表演效果直接影响到整个团队的表现。因此，学生需要树立集体意识和大局观念，积极为团队贡献自己的力量。这种集体意识和团队精神的培养不仅有助于学生在音乐学习中取得更好的成绩，还能为他们未来的生活和职业发展打下坚实的基础。学生通过音乐教育能够更好地在团队中发挥自己的优势，更好地与他人协作以实现共同的目标。

第二章

初中音乐教学
内容分析

第一节　初中音乐基础知识教学

一、教学目标

（一）掌握音乐基本概念与术语

1. 音乐基本概念的重要性

在初中音乐基础知识教学中，首要目标是确保学生掌握音乐的基本概念与术语。这些基础概念和术语是构建音乐理论框架的基石，对于学生后续深入学习音乐、理解音乐作品、提高演奏技能以及进行音乐创作等至关重要。

2. 基础元素的掌握

学生需要准确识别并理解音乐中的基础元素，如音符、休止符、节奏和节拍等。这些元素是构成音乐作品的基本单位，掌握它们对于理解和分析音乐作品的结构和风格至关重要。例如，通过学习和实践不同的音符和休止符，学生可以更好地把握音乐的节奏变化和停顿感；通过理解和运用节奏和节拍，学生可以更准确地演奏和欣赏音乐作品。

3. 高级概念的理解

除了基础元素外，学生还需要理解更高级的音乐概念，如旋律、和声、曲式结构和织体等。这些概念是音乐作品的深层次结构，对于理解和创作复杂的音乐作品具有重要意义。例如，旋律是音乐作品的灵魂，掌握旋律的构成和发展规律有助于学生更好地理解和表现音乐作品的情感；和声则是音乐作品的骨架，了解和声的基本原理和技巧有助于学生提升演奏和创作的层次感；曲式结构和织体则揭示了音乐作品的整体布局和各个部分的相互关系，有助于学生从宏观角度把握音乐作品。

（二）培养音乐感知能力

1. 听觉训练的重要性

音乐是一门听觉艺术，因此培养学生的音乐感知能力是初中音乐教学的核心目标之一。通过听觉训练，学生可以更深入地理解和感受音乐作品，提高音乐欣赏和表现能力。

2. 音乐要素的敏锐捕捉

在听觉训练中，教师需要引导学生敏锐地捕捉音乐中的细微变化，如音高、音色、力度和速度等。这些要素的变化会直接影响音乐作品的风格和情感表达。例如，音高的变化可以营造出不同的氛围和情感；音色的差异则能表现出不同的乐器特色和演奏技巧；力度和速度的变化则能赋予音乐作品不同的节奏感和动力。

3. 音乐作品的深入理解和欣赏

通过培养音乐感知能力，学生可以更深入地理解和欣赏音乐作品。他们不仅能够感受到音乐作品表面的旋律和节奏，还能洞察作品背后的情感、意境和创作背景。这种深入的理解和欣赏能力将使学生更加热爱音乐，并激发他们的学习兴趣和创造力。

（三）提升音乐理论素养

1. 理论知识与实际应用的结合

提升音乐理论素养是初中音乐教学的重要目标之一。学生需要将所学的音乐理论知识与实际应用相结合，以便更好地理解和分析音乐作品，提高演奏和创作水平。

2. 形成系统的音乐理论体系

通过不断的学习和实践，学生将逐渐形成自己的音乐理论体系。这个体系将包括音乐的基本概念、术语、感知能力以及独立思考和解决问题的能力等方面。形成系统的音乐理论体系将使学生更加全面地掌握音乐知识，为他们的未来发展奠定坚实的基础。同时，教师需要不断地引导和帮助学生完善和发展自己的音乐理论体系，使学生更好地适应不断变化和发展的音乐领域。

二、教学内容

（一）乐理知识

1. 音符与休止符的基础知识

在音乐理论中，音符和休止符是构成音乐的基本元素。全音符、二分音符、四分音符等是常用的音符类型，它们代表了不同的时值，即音符的持续时间。全音符的时值最长，通常作为基本单位来衡量其他音符的长度。二分音符的时值是全音符的一半，四分音符则是二分音符的一半，以此类推。

休止符在音乐中同样重要，它们代表了音乐的停顿和呼吸。与音符类似，休止符也有不同的时值，如全休止符、二分休止符和四分休止符等。这样音乐能够在适当的时候停下来，为下一个乐句或乐段的开始做准备。

2. 节奏与节拍的概念及应用

节奏是音乐中不可或缺的元素，它赋予了音乐动感和生命力。节奏由音符和休止符的排列组合形成，它们按照一定的规律重复出现，构成了音乐的节拍。节拍是音乐中的基本时间单位，通常以固定的速度重复出现，如2/4拍、3/4拍、4/4拍等。

在音乐中，节奏和节拍是相互关联的。节奏决定了音乐中各个音符和休止符的时长和排列方式，而节拍则为这些节奏提供了一个稳定的时间框架。通过学习节奏和节拍的概念，学生可以更好地理解音乐的结构和流动感，从而在演奏或创作时更加准确地把握音乐的韵律。

3. 音阶、调号与音乐语言的构建

音阶是按照某种规律排列的一组音，它们构成了音乐的基本旋律线条。大调和小调是最常见的两种音阶类型，它们具有不同的音程关系和色彩。大调音阶通常给人一种明亮、开阔的感觉，而小调音阶则更加柔和、忧郁。

调号是用来表示音阶中升降记号的符号系统。通过调号，学生可以知道在某个特定的音阶中哪些音需要升高或降低半音。这对于理解和演奏复杂的音乐作品至关重要。

（二）音乐符号与记谱法

1. 五线谱与简谱的识别与写作

五线谱和简谱是音乐中常用的两种记谱方式。五线谱通过在五条平行线上标记不同位置的音符来表示音高和时值，而简谱则使用数字来表示不同的音高。这两种记谱方式各有优势：五线谱更为精确和专业，适合复杂的音乐作品；而简谱则更加直观易懂，适合初学者和流行音乐。

通过学习五线谱和简谱的识别与写作方法，学生可以准确地阅读和编写乐谱，为后续的音乐学习和实践打下基础。

2. 音符、休止符的标记方式及常见记号

在五线谱和简谱中，音符和休止符都有特定的标记方式。例如，在五线谱中，全音符由一个空心的椭圆表示，二分音符则在其基础上加一条符干；在简谱中，数字后面的短横线表示音符的时值延长。此外，还有许多常见的记号用于表示连音、跳音等特殊情况。

通过学习这些标记方式和常见记号，学生可以更加准确地理解和演奏乐谱中的每一个细节。

（三）音乐术语、概念

1. 旋律、和声等高级概念的解析

旋律是音乐中最容易被人们感知到的元素之一，它由一系列连续的音符组成，具有一定的节奏和音高变化。和声则是多个旋律线条同时进行的音乐现象，它们通过不同的音程关系和节奏组合形成复杂的音乐结构。

通过详细解析旋律、和声等高级概念，学生可以更加深入地理解音乐作品中的各个要素是如何相互作用的。这不仅有助于提高学生的音乐欣赏能力，还能为他们在演奏和创作时提供更多的灵感和思路。

2. 曲式、织体等音乐结构的探讨

曲式是指音乐作品的整体结构框架，它决定了音乐的发展逻辑和表现形式。奏鸣曲式、回旋曲式等都是常见的曲式结构类型。织体则是指音乐中各个声部的组合方式和相互关系，主调音乐和复调音乐是两种基本的织体类型。

通过探讨曲式、织体等音乐结构的概念和特点，学生可以更好地把握音乐作品的整体布局和内在逻辑，更好地理解和分析复杂的音乐作品，同时为学生在演奏和创作时提供有益的参考。

三、教学方法

（一）讲授法在音乐教学中的应用与优势

1. 讲授法的基本特点

讲授法作为传统的教学方法，在音乐教学中仍然占据重要地位。它主要通过教师口头讲解向学生传授知识。在音乐基础知识教学中，教

师可以利用课堂时间，结合多媒体教学手段，如PPT、视频、音频资料等，对音乐理论进行生动形象的讲解。

2. 增强学生学习兴趣与理解力

讲授法的优势在于能够系统地传授知识，同时通过多媒体手段的辅助，激发学生的学习兴趣。在音乐教学中，教师可以通过生动的讲解和丰富的多媒体资料，引导学生走进音乐的世界，感受音乐的魅力。此外，讲授法还能帮助学生更好地理解抽象的音乐概念，为他们的音乐学习打下坚实的基础。

（二）练习法在音乐教学中的实践与意义

1. 练习法的实施方式

练习法是音乐教学中不可或缺的一种方法。通过设计多样化的练习题，包括书面作业、听力训练、乐谱编写等，学生可以在实践中巩固所学知识。这种方法的实施可以贯穿于音乐教学的各个环节，帮助学生在实际操作中加深对音乐理论的理解。

2. 加深学生对音乐理论的理解与记忆

通过反复练习，学生可以更加深入地理解音乐概念、术语和记谱法等基础知识。同时，练习有助于加深学生对音乐作品的感知和理解，提高他们的音乐鉴赏能力。在练习过程中，学生需要不断回忆和运用所学知识，从而加深对音乐理论的记忆。

3. 提高学生应用能力与实践技能

练习法不仅能够巩固学生的理论知识，还能提高他们的应用能力。通过完成书面作业，学生可以锻炼自己的乐谱阅读和编写能力；通过听力训练，学生可以提升自己的音乐感知和辨识能力；通过乐谱编写，学生可以培养自己的创作能力和实践技能。这些能力的提升将有助于学生在音乐领域取得更好的发展。

（三）讨论法在音乐教学中的作用与实施策略

1. 讨论法的价值体现

讨论法是一种能够激发学生思考、促进学生交流的教学方法。在音乐教学中，组织小组讨论或全班讨论可以帮助学生深入理解音乐作品、探讨音乐现象，并培养他们的批判性思维和表达能力。学生通过讨论可以相互启发、共同进步，形成良好的学习氛围。

2. 培养学生的批判性思维与表达能力

在讨论过程中，学生需要针对特定的音乐现象或作品发表自己的观点和见解。这不仅要求他们具备扎实的音乐基础知识，还要求他们具备独立思考和批判性思维的能力。在不断地讨论和交流中，学生可以逐渐学会如何有条理地表达自己的观点、如何倾听他人的意见并与之交流碰撞，从而提升自己的表达能力。

3. 教师的引导与辅助作用

在讨论法中，教师的角色至关重要。教师需要适时引导讨论的方向和深度，确保讨论的内容与教学目标紧密相连。同时，教师需要帮助学生梳理思路、深化理解，使讨论更加高效、有针对性。

第二节　初中音乐技能培养

一、教学目标

（一）提高学生的音乐演奏与演唱技能

1. 掌握正确的音乐技能

在初中阶段的音乐教育中，提高学生的音乐演奏与演唱技能是至关重要的。为了实现这一目标，首先需要确保学生掌握正确的音乐技能。这包括正确的发声技巧、呼吸方法以及乐器演奏的基本功。科学系统的训练方法可以帮助学生打下坚实的基础，为日后的音乐学习和表现做好准备。

发声技巧和呼吸方法是演唱技能中的核心要素。正确地发声能够保护学生的嗓子，避免过度用力或不当使用导致的伤害。教师可以教授学生如何调整喉咙状态，使用腹部呼吸来支持声音，以及如何控制声音的共鸣和音色。对于乐器演奏，要从基础指法、音阶练习和简单的乐曲演奏开始，逐步提升学生的演奏技巧和音乐理解能力。

2. 流畅、准确地演奏或演唱音乐作品

在掌握了基本的音乐技能之后，下一步是让学生能够流畅、准确地演奏或演唱音乐作品。这需要通过大量的练习和指导来实现。教师可以为学生提供各种风格的音乐作品，让他们在实践中不断磨炼自己的技

能。同时，教师可以根据学生的表现给予及时的反馈和指导，帮助他们纠正错误，提高演奏和演唱的准确性。

（二）培养学生的音乐表现力和创造力

1. 理解音乐作品背后的情感与故事

音乐是一种情感的表达，每一首音乐作品都蕴含着作者的情感和故事。为了培养学生的音乐表现力，教师首先需要引导他们深入理解音乐作品背后的情感和故事。在课堂上，教师可以通过分析音乐作品的旋律、节奏、和声等元素，以及介绍作品的创作背景和作者的生平经历，帮助学生更好地理解音乐作品所表达的情感和意境。

同时，教师可以鼓励学生主动探索和感受音乐作品中的情感变化，培养他们的音乐鉴赏能力和审美情感。通过不断地欣赏、分析和感受音乐作品，学生能够更加准确地把握音乐作品的情感和内涵，从而提升自己的音乐表现力。

2. 鼓励学生通过自己的方式去诠释和表达音乐

在理解音乐作品的基础上，教师可以鼓励学生通过自己的方式去诠释和表达音乐。

在课堂上，教师可以提供多种表现机会，让学生尝试用自己的方式去演唱或演奏音乐作品。无论是声音的掌控、情感的投入还是舞台的表现力，教师都可以给予细致的指导和支持。通过这样的实践过程，学生能够更加自信地展现自己的音乐才华，同时能够提升自己的艺术修养和人文素养。

3. 激发学生的创造力，培养独立思考和创新能力

教师除了培养学生的音乐表现力外，还应注重激发学生的创造力。音乐是一种创造性的艺术形式，音乐的创作和改编可以锻炼学生的独立思考和创新能力。

在教学过程中，教师可以介绍一些基本的音乐创作技巧和改编方法，并引导学生进行实践操作。例如，可以让学生尝试为现有的旋律重新编曲或填写歌词，或者根据某个主题创作一首新的音乐作品。在这样的创作过程中，学生能够发挥自己的想象力和创造力，将内心的情感和想法通过音乐表达出来。

二、教学内容

（一）声乐技能

1. 呼吸与发声技巧训练

（1）呼吸技巧的重要性。在声乐技能的培养中，呼吸技巧是基础且至关重要的一环。呼吸不仅是维持生命的基本活动，更是歌唱的动力源泉。在歌唱时，合理的呼吸方式能够提供稳定的气息支持，帮助歌唱者更好地控制声音的强弱、高低和长短。因此，呼吸技巧的训练在声乐学习中具有不可替代的地位。

（2）科学的呼吸方式。为了让学生掌握科学的呼吸方式，可以训练腹式呼吸和胸腹联合呼吸。腹式呼吸主要通过膈肌的上下运动来控制呼吸，这种呼吸方式能够吸入更多的空气，为歌唱提供充足的气息。而胸腹联合呼吸则是在腹式呼吸的基础上，结合胸部的扩张来进一步增加肺活量，使声音更加饱满有力。

（3）发声技巧的训练。发声是歌唱的核心技术，它直接影响到歌声的质量和美感。教师可以通过专业的训练方法，帮助学生找到正确的发声位置，并学会合理运用共鸣腔体来美化声音。在发声训练中，长音、音阶和琶音等基本功的练习是必不可少的。这些练习能够帮助学生提高声音的稳定性，增强音准感，为后续的歌曲演唱打下坚实的基础。

2. 歌曲演唱方法与情感表达

（1）运用不同风格的歌曲演唱方法。在掌握基本发声技巧的基础上，要进一步引导学生学习不同风格的歌曲演唱方法。民族唱法以其独特的韵味和风格吸引着众多听众，教师要教授学生如何运用民族唱法的技巧来表现歌曲的韵味。美声唱法以其科学的发声方法和优美的音色而著称，教师要指导学生如何运用美声唱法来展现歌声的魅力。同时，考虑到流行音乐的广泛受众和影响力，教师要教授学生流行唱法的技巧，使他们的歌声更加贴近现代审美。

（2）重视情感表达的作用。歌唱不仅是声音的传递，更是情感的表达。一首歌曲能否打动人心，往往取决于歌唱者是否能够将情感融入歌声中。因此，在声乐技能的培养中，情感表达同样占据着举足轻重的地位。要通过分析歌曲的背景、主题和情感来引导学生深入理解歌曲的内涵，并尝试将自己的情感融入演唱中。只有当学生能够真正理解和感受歌曲所传递的情感时，他们的歌声才能更加动人、更具感染力。

3. 合唱与重唱技巧

（1）训练合唱技巧。合唱是声乐艺术中的一种重要形式，它要求多个声部之间的和谐与统一。在培养学生合唱技巧的同时，也要注重培养学生的团队协作能力。排练合唱曲目可以让学生学习如何在集体中找准自己的位置，与其他声部保持协调与平衡。同时，还要强调声部之间的层次感，使整个合唱作品呈现出丰富的层次和立体感。

（2）训练重唱技巧。重唱是声乐中的另一种重要形式，它要求两位或多位歌者同时演唱不同的旋律线条。在重唱技巧的训练中，要着重培养学生的声部平衡感和和声意识。分组练习重唱段落可以让学生学习如何在保持自己声部独立性的同时，与其他声部形成和谐的共鸣。这将有助于学生在日后的声乐学习中更好地理解和运用和声知识，提升他们的综合音乐素养。

（二）器乐技能

1. 掌握乐器基础知识与训练演奏技巧

（1）掌握乐器基础知识。在器乐技能的培养中，乐器基础知识是学习的起点。对于初中生而言，了解乐器的历史背景、结构特点和演奏姿势，不仅有助于他们更好地掌握演奏技巧，还能增加对乐器的感情和兴趣。例如，对于钢琴，应该介绍其发展历程、键盘结构以及正确的坐姿和手位；对于吉他，应该讲解其起源、各部分的名称和功能以及抚琴和拨弦的正确方式；对于小提琴，应该让学生了解其制作工艺、弓弦的选择和使用等。这些基础知识的学习，将为提升学生后续的演奏技巧奠定坚实的基础。

（2）训练演奏技巧。在掌握乐器基础知识后，接下来要重点训练学生的演奏技巧。分解练习、慢速练习等方法可以帮助学生逐步掌握正确的指法、弓法以及乐句处理等关键技巧。例如，对于钢琴，应从最基本的五指练习开始，逐步过渡到音阶、琶音和和弦的练习，确保学生的手指灵活性和协调性得到有效提升。对于吉他，应从简单的和弦按法入手，慢慢增加难度，教授学生如何运用手指进行流畅地拨弦。而对于小提琴，应着重训练学生的弓法，让他们学会如何运用不同的弓法和力度来表现音乐中的情感变化。此外，针对不同乐器的特性，还要设计具有针对性的练习曲目和练习方法。这些曲目和方法将结合学生的实际情况进行个性化调整，以确保每位学生都能在演奏技巧上得到有效提升。

2. 独奏与合奏能力的培养

（1）独奏能力的培养。在器乐学习中，独奏能力是衡量学生技能水平的重要标志。因此，应着重培养学生的独奏能力。选择适合学生水平的独奏曲目进行练习和表演，不仅可以锻炼学生的演奏技巧，还能增强他们的自信心和舞台表现力。为了提高学生的独奏水平，可以定期组织学生进行独奏表演。在表演前，教师要对学生进行细致的指导，帮助他们理解曲目的情感和风格，并教授他们如何在舞台上自信地展示自己。学生通过这些实践机会将逐渐克服紧张情绪，提升自己的演奏水平和艺术修养。

（2）合奏能力的培养。除了独奏能力外，合奏能力也是器乐学习中不可或缺的一部分。组织学生参与合奏排练不仅可以培养他们的团队协作能力，还能增强他们的节奏感和和声意识。在合奏过程中，学生将学会如何与其他乐手相互配合，共同呈现出完美的音乐效果。为了提高学生的合奏能力，可以安排丰富的合奏曲目供学生练习。在排练过程中，要注重培养学生的听觉能力和对和声的理解。通过不断地磨合和练习，学生将逐渐领悟到合奏中的和谐与对比之美，从而提升自己的音乐审美能力和表现力。

三、教学方法

（一）示范教学法

1. 示范教学法的直观性与有效性

示范教学法在音乐教学中占据着举足轻重的地位。其最大的特点在于直观性，教师或优秀学生通过现场演示，将音乐技能以最直接的方式呈现给学生。这种教学方式不仅有助于学生迅速理解技能的要点，还能激发他们的学习兴趣。当学生看到并听到正确的演奏或演唱时，他们能更清晰地认识到自己的学习目标，从而更有动力去提升自我。

2. 示范的多种方式

在示范教学法中，教师可以通过多种方式进行示范。除了常规的完整示范外，还可以采用慢动作示范和分解示范。慢动作示范有助于学生更好地观察和理解技术细节，因为速度放慢后，每一个动作都变得更为清晰，易于捕捉；而分解示范则是将复杂的技能分解成若干个简单的步骤进行演示，这样学生可以逐步学习和掌握，从而降低学习难度。

（二）分组练习法

1. 分组练习的必要性

由于学生的音乐基础和学习能力存在差异，统一的教学进度和内容可能无法满足所有学生的需求。因此，分组练习法应运而生。通过将学生按照实际水平进行分组，教师可以根据每个小组的特点和需求安排针对性的教学计划和训练内容。这样不仅能够确保每个学生都能得到适合自己的指导和帮助，还能提高教学效率和质量。

2. 分组练习的原则与意义

在进行分组时，教师需要综合考虑学生的技能水平、学习能力和兴趣等因素。分组后，教师可以为每个小组制订合适的教学目标和练习计划，确保每个学生都能在原有基础上得到提升。同时，分组练习还有助于培养学生的团队协作能力和竞争意识。在小组内部，学生可以相互学习、互相督促，共同进步。

（三）表演实践法

1. 表演实践的重要性

表演实践是音乐教学中不可或缺的一环。它不仅能够检验学生的技能水平和表现力，还能为他们提供一个展示自我的平台。参与表演实践可以使学生可以更加深入地理解和感受音乐作品的内涵和情感，也是一个锻炼学生舞台表现力和心理承受能力的绝佳机会。

2. 表演实践的组织与实施

为了让学生有更多的表演机会，可以定期组织音乐会、音乐比赛等活动。在活动筹备过程中，教师要给予学生必要的指导和帮助，确保他们能够以最佳状态面对观众。在表演过程中，教师还可以根据学生的表现给予及时的反馈和建议，帮助他们不断改进和提高自己的技能水平。

第三节　初中音乐欣赏与鉴赏

一、教学目标

（一）拓宽音乐视野，提高音乐审美

1. 了解多样化的音乐作品

为了拓宽学生的音乐视野，要让他们接触到多样化的音乐作品，包括不同风格、不同流派、不同地域和时代的音乐。通过欣赏这些多样化的音乐作品，学生能够了解到音乐的丰富性和多元性，进而激发他们对音乐的兴趣和好奇心。

2. 理解音乐背后的文化、历史和社会背景

每一种音乐作品都蕴含着丰富的文化、历史和社会背景。引导学生深入了解这些背景信息，可以帮助他们更好地理解音乐作品所传达的情感和意义，从而提升他们的音乐审美能力。

3. 从多个维度分析和评价音乐作品

要提高学生的音乐审美能力，需要教会他们从多个维度去分析和评价音乐作品，如旋律、节奏、和声、音色等。通过引导学生从这些方面入手，对音乐作品进行全面的剖析和评价，学生可以更深入地理解音乐的构成和表达方式。

（二）培养学生的音乐感受力、音乐分析能力和逻辑思维及批判性思维能力

1. 培养学生的音乐感受力

培养学生的音乐感受力，要引导他们学会仔细聆听音乐作品中的每一个细节。这包括了旋律的起伏、节奏的变化以及音色的差异等方面。通过仔细聆听这些细节，学生可以更加深入地感受到音乐作品所传达的情感和意义。

2. 培养学生的音乐分析能力

除了感受力之外，音乐分析能力也是学生需要掌握的重要技能之一。为了培养学生的音乐分析能力，教师需要引导他们运用所学的音乐理论知识对音乐作品进行深入的分析和解读。这包括了曲式结构、和声进行以及调式调性等方面。

在教学过程中，教师可以具体的音乐作品为例，引导学生运用所学的理论知识进行分析和解读。例如，可以让学生分析一首曲目的曲式结构、和声运用以及调式特点等。通过这样的分析过程，学生可以逐渐提升自己的音乐分析能力，并加深对音乐作品的理解。

3. 培养学生的逻辑思维能力和批判性思维能力

音乐分析不仅需要学生具备扎实的理论知识基础，还需要他们具备一定的逻辑思维能力和批判性思维能力。因此，在教学过程中，教师需要注重培养学生的这些思维能力。

具体而言，教师可以通过设置一些具有挑战性的问题或者让学生进行对比分析等方式来培养他们的逻辑思维能力。同时，教师可以鼓励学生提出自己的看法和见解，并对不同的观点进行讨论和交流，以此来培养他们的批判性思维能力。通过这样的教学过程，学生可以更加全面地提升自己的音乐分析能力。

二、教学内容

（一）经典音乐作品欣赏

1. 经典音乐作品的选取与介绍

经典音乐作品是音乐历史中的精华，它们反映了不同时代、不同文化背景下的音乐创作理念和审美追求。在初中音乐欣赏与鉴赏课程中，教师应精心选取具有代表性的经典音乐作品，这些作品既要能体现音乐艺术的高度，又要能引起学生的兴趣。例如，选择巴赫的复调音乐作品，展现其精湛的对位技巧和深邃的音乐构思；选取贝多芬的交响曲，让学生感受其音乐中的激情与力量；介绍肖邦的钢琴曲，体验其音乐中的浪漫与诗意。同时，教师对中国的传统民乐也不能忽视，如《二泉映月》《高山流水》等，这些作品蕴含着深厚的文化底蕴和民族特色。

2. 不同风格与流派的音乐作品对比分析

经典音乐作品涵盖了多种风格和流派，每种风格和流派都有其独特的音乐语言和表现手法。为了帮助学生更好地理解这些差异，教师应引导学生进行不同风格与流派的音乐作品对比分析。例如，可以对比巴洛克时期的复调音乐与浪漫时期的旋律性音乐，让学生感受两者在音乐结构、旋律线条、和声运用等方面的不同。通过这样的对比分析，学生不仅能够更深入地理解各种音乐风格和流派的特点，还能提高他们的音乐鉴赏能力和审美能力。

（二）现代音乐与流行音乐

1. 现代音乐的发展趋势和特点

随着科技的进步和全球化的发展，现代音乐呈现出多元化、创新性的特点。在初中音乐欣赏与鉴赏课程中，教师应关注现代音乐的发展趋势，及时将最新的音乐成果引入课堂。现代音乐可能涉及电子音乐、爵士乐、摇滚乐等多种风格，这些风格的音乐在旋律、节奏、和声等方面都有独特的创新之处。通过教师对这些现代音乐作品的介绍和分析，学生可以更好地理解现代音乐的创作理念和表现手法，感受音乐的多样性和创新性。

2. 流行音乐创作活动的组织与实施

为了培养学生的音乐创造力和表现力，教师可以组织学生开展流行音乐创作活动。在活动中，教师可以引导学生从生活中汲取灵感，尝试将个人情感和创意融入音乐作品中。教师可以指导学生分组进行创作，每组学生负责创作一首完整的音乐作品，包括旋律、歌词和编曲等部分。完成后，让学生在课堂上进行展示和交流，互相评价和学习。这样的活动不仅能够激发学生的音乐创作热情，还能培养他们的团队合作精神和创新意识。

三、教学方法

（一）聆听教学法

1. 聆听教学法的重要性

聆听教学法在音乐欣赏与鉴赏课程中占据着举足轻重的地位。音乐，作为一种听觉艺术，其最本质、最直接的感知方式便是聆听。通过聆听，学生能够捕捉到音乐中的每一个细微之处，从而更深入地理解音乐的内涵和情感。在初中阶段，学生的音乐感知能力正处于发展的关键时期，因此，聆听教学法不仅有助于培养学生的音乐感受力，还能为他们的音乐素养打下坚实的基础。

2. 引导学生关注音乐作品的细节和变化

在聆听教学法中，教师需要引导学生学会关注音乐作品的细节和变化。这包括了旋律的起伏、节奏的变化以及音色的差异等方面。例如，在欣赏一首交响曲时，教师可以让学生注意不同乐章之间的旋律变化和节奏转换，以及不同乐器所呈现出的音色特点。

为了帮助学生更好地捕捉这些细节，教师可以设计一些具体的聆听任务。例如，要求学生在聆听过程中记录下旋律的高潮部分和低谷部分，或者让他们注意节奏的快慢变化，并尝试用拍手或其他方式模仿出来。这些任务不仅能够提升学生的聆听能力，还能增强他们对音乐作品的理解和感受。

（二）讨论交流法

1. 讨论交流法在音乐欣赏课中的价值

讨论交流法在音乐欣赏与鉴赏课程中具有重要的价值。首先，它有助于营造一个积极、活跃的课堂氛围，激发学生的学习兴趣和参与度。通过讨论交流，学生可以更加主动地参与到音乐作品的鉴赏过程中，而不仅仅是被动地接受教师的讲解。其次，讨论交流法能够促进学生之间的思维碰撞和观点交流。在讨论过程中，学生会从不同的角度去理解和解读音乐作品，从而拓宽彼此的视野并加深对音乐作品的理解。这种互动式的学习方式还有助于培养学生的批判性思维和创新能力。

2. 创设开放、包容的讨论氛围

在实施讨论交流法时，教师应努力创设一个开放、包容的讨论氛围。这意味着教师要鼓励学生大胆发表自己的观点和感受，并尊重每一个学生的不同见解。为了营造这样的氛围，教师可以采取一些具体的措施。

例如，在课堂上设立"意见墙"，让学生将自己的观点和感受写在便笺纸上并贴在墙上进行展示和交流。这样做不仅能够让每个学生都有机会表达自己的看法，还能促进他们之间的相互了解和尊重。此外，教师还可以定期组织学生进行小组讨论或角色扮演等活动，以增强他们的

团队协作能力和沟通技巧。

3. 引导学生深入探讨和交流音乐作品

在讨论交流过程中，教师应引导学生围绕音乐作品的主题、情感、风格等方面进行深入探讨和交流。这要求教师提前对音乐作品进行深入研究并准备好相关的问题或讨论点。

例如，在欣赏一部古典音乐作品时，教师可以提出以下问题供学生讨论："这部作品的旋律和节奏给你带来了怎样的感受？""你认为作曲家在创作这部作品时可能受到了哪些因素的影响？""如果你有机会与作曲家对话，你会问他什么问题？"通过这些问题引导学生深入思考并展开讨论，有助于提升他们的音乐鉴赏能力和批判性思维水平。

（三）多媒体辅助法

1. 多媒体辅助法的优势

多媒体辅助法在音乐欣赏与鉴赏课程中具有显著的优势。首先，它能够以直观、生动的方式呈现音乐作品，使学生更加容易理解和感受音乐的魅力。通过音频、视频等多媒体资源，学生可以更加清晰地听到音乐的每一个细节，看到演奏者的表情和动作，从而更加深入地理解音乐作品。其次，多媒体辅助法能够丰富教学手段和内容，提升学生的学习兴趣和参与度。教师可以利用多媒体资源展示音乐作品的创作背景、作曲家的生平故事以及音乐作品的演奏现场等内容，帮助学生更好地理解音乐作品并拓宽音乐视野。

2. 利用多媒体资源丰富教学内容与手段

在实施多媒体辅助法时，教师应充分利用各种多媒体资源来丰富教学内容和手段，包括音频资料、视频资料、图片资料以及相关的文字资料等。

例如，教师可以利用音频资料让学生聆听不同类型的音乐作品，感受其旋律、节奏和音色等特点，通过视频资料展示音乐作品的演奏现场或创作过程，帮助学生更加直观地理解音乐作品。同时，教师可以结合图片资料和文字资料来介绍音乐作品的创作背景、作曲家的生平故事以及相关的音乐知识等内容。这些多媒体资源的综合运用能够使学生更加全面地了解音乐作品并提升其鉴赏能力。

3. 制作生动有趣的教学课件与互动游戏

为了进一步提升教学效果并激发学生的学习兴趣，教师还可以利用多媒体技术制作生动有趣的教学课件和互动游戏。这些课件和游戏应紧密结合教学内容和目标，旨在通过寓教于乐的方式帮助学生更好地学习音乐知识和技能。

例如，教师可以制作一个关于音乐节奏的互动游戏。在游戏中，学生需要根据听到的音乐节奏来点击相应的按钮或进行其他操作，以此来锻炼他们的节奏感和音乐反应能力。这样的游戏不仅能够让学生在轻松愉快的氛围中学习音乐知识，还能提升他们的学习兴趣和参与度。

第四节　初中音乐创作与表演

一、教学目标

在初中音乐教育实践中，设定明确而富有启发性的教学目标是促进学生全面发展的关键。

（一）激发学生的音乐创作兴趣，培养其创新能力

1. 激发创作兴趣

兴趣是最好的老师。在初中阶段，学生正处于好奇心旺盛、想象力丰富的时期。因此，教学首要任务是激发学生对音乐创作的浓厚兴趣。引入多样化的音乐风格、介绍著名作曲家的创作故事、展示学生同龄人的优秀作品等方式，让学生感受到音乐创作的魅力与无限可能，从而点燃他们内心的创作火花。

2. 培养创新能力

创新能力是现代社会对人才的重要要求之一。在音乐创作中，要鼓励学生跳出传统框架，勇于尝试新的创作手法和表达方式，引导学生观察生活、感受自然、思考社会，从中汲取创作灵感，并教授他们如何运用旋律、和声、节奏等创作要素进行自由组合与创新，培养他们的音乐想象力和创造力。

（二）提高学生的音乐表演能力，增强自信心

1. 提升表演能力

音乐表演是音乐艺术的重要组成部分，也是检验学生音乐素养的重要途径。在初中阶段，系统的舞台表演技巧训练，包括发声方法、肢体语言、面部表情等方面的指导，可以帮助学生掌握基本的表演技巧。同时，结合不同风格的音乐作品进行实践演练，让学生在实践中不断积累经验，提高表演水平。

2. 增强自信心

自信心是学生在音乐道路上不断前行的动力源泉。教师通过组织各种形式的音乐表演活动，如班级音乐会、校园艺术节、校外音乐比赛等，为学生提供展示自我的舞台。在每一次表演中，鼓励学生勇于挑战自我、突破极限，同时及时给予他们肯定和鼓励，让他们感受到成功的喜悦和成就感，从而增强自信心和表演欲望。

二、教学内容

为了实现上述教学目标，我们精心设计了丰富多样的教学内容，涵盖音乐创作基础与音乐表演实践两大方面。

（一）音乐创作基础

1. 创作灵感与构思方法

引导学生学会从生活中寻找创作灵感，如自然风光、人物故事、社会现象等，同时教授他们一些实用的构思方法，如思维导图、头脑风暴等，帮助学生将零散的灵感整合成完整的音乐构思。此外，还可以通过分析经典音乐作品的结构和主题，让学生学习借鉴大师们的创作思路。

2. 旋律、和声、节奏等创作要素的运用

旋律是音乐的灵魂，和声是音乐的骨架，节奏则是音乐的脉搏。

在初中阶段，要重点教授学生如何运用这些基本的创作要素进行音乐创作。教师通过讲解旋律的构成规律、和声的编配技巧以及节奏的变化方式等知识点，让学生掌握音乐创作的基本技能，同时鼓励学生进行创作实践，尝试将所学知识运用到自己的作品中。

3. 编曲与配器基础知识

编曲是将音乐构思转化为具体音乐作品的过程，而配器则是为音乐作品选择合适的乐器组合和演奏方式。在初中阶段，教师可以简要介绍编曲与配器的基础知识，如不同乐器的音色特点、演奏技巧以及它们在音乐作品中的作用等。通过案例分析和实践操作，学生可以初步了解编曲与配器的流程和方法。

（二）音乐表演实践

1. 舞台表演技巧与心理素质培养

舞台表演技巧是音乐表演的重要组成部分。专业的训练和指导可以帮助学生掌握正确的发声方法、肢体语言、面部表情等表演技巧。同时，教师要注重培养学生的心理素质，如应对紧张情绪的策略、增强舞台表现力的方法等，通过开展模拟表演、公开演出等实践活动，让学生在实践中锻炼和提高自己的舞台表演能力。

2. 乐队合奏与舞台调度

乐队合奏是音乐表演中常见的一种形式。在初中阶段，教师可以组织学生进行乐队合奏训练，让他们学会与他人协作、配合完成音乐作品。通过排练和演出实践，学生可以增强团队合作精神。同时，教师教授学生舞台调度的基本原则和方法，如舞台布局、演员走位等技巧，以提升整体表演效果。

3. 音乐会策划与组织

音乐会策划与组织是音乐活动中不可或缺的一环。在初中阶段，教师可以引导学生参与音乐会的策划与组织工作，如确定演出主题、选择节目内容、安排演出顺序等。参与这些工作可以让学生了解音乐会的筹备流程和组织要点，同时培养他们的组织协调能力、沟通能力和创新思维能力。此外，还可以鼓励学生担任音乐会的主持人或幕后工作人员等角色，以锻炼他们的综合素质和应变能力。

三、教学方法

为了实现教学目标并有效传达教学内容，可以采用灵活多样的教学方法。

（一）创意激发法

1. 游戏化教学

（1）游戏化教学的意义。游戏化教学是一种创新的教学方法，它通过引入游戏元素和机制，使学习过程变得更加有趣和吸引人。在初中音乐欣赏与鉴赏课程中，游戏化教学能够显著提升学生的参与度，激发他们的创作灵感和表演欲望。通过设计富有挑战性和趣味性的音乐游戏，如音乐接龙、即兴创作比赛等，学生可以在轻松愉快的氛围中自由地发挥想象力和创造力。这不仅有助于培养学生的音乐素养，还能增强他们的团队协作精神和竞争意识。

（2）设计多样化的音乐游戏活动。为了充分发挥游戏化教学的优势，教师应设计多样化的音乐游戏活动。这些活动应紧密结合音乐教学内容和目标，旨在通过游戏的形式帮助学生掌握音乐知识和技能。例如，音乐接龙游戏可以帮助学生熟悉各种音乐风格和旋律，提高他们的音乐记忆力和反应能力；即兴创作比赛则可以激发学生的创作灵感，培养他们的创新思维和表演能力。

2. 故事引导法

（1）故事引导法的意义。故事引导法是一种通过讲述与音乐相关的故事或传说来激发学生创作灵感的教学方法。在初中音乐欣赏与鉴赏课程中，故事引导法能够帮助学生更好地理解音乐作品背后的历史和文化背景，感受音乐创作的魅力和意义。通过教师讲述著名作曲家的创作经历、经典音乐作品的背后故事等，学生可以从中汲取创作灵感和素材，进而培养他们的音乐创作能力和鉴赏水平。

（2）讲述与音乐作品相关的故事或传说。为了有效地实施故事引导法，教师应选择与音乐作品相关的故事或传说。这些故事可以是关于作曲家的生平经历、创作背景等，也可以是与音乐作品主题相关的传说或历史故事。通过讲述这些故事，教师可以帮助学生建立起与音乐作品之间的情感联系，激发他们的学习兴趣和探究欲望。

（二）实践操作法

1. 提供创作工具与平台

（1）提供各种创作工具。为学生提供必要的创作工具和平台，是实践操作法的基石。在音乐创作中，适当的工具不仅能激发学生的创作热情，还能帮助他们将内心的音乐灵感转化为具体的作品。因此，学校和教育机构应当重视音乐创作工具的配备，如各种乐器以及高质量的录音设备等。这些工具的选择应基于学生的实际需求，既要满足初学者的探索欲望，也要为进阶学生提供有足够的深度和广度的教学内容。除了硬件设备，软件资源同样不可或缺。例如，音乐创作软件能够帮助学生进行编曲、混音等复杂操作，而无须依赖昂贵的专业录音棚。这样的软件通常具有友好的用户界面和丰富的功能，能够让学生在轻松的环境中自由创作。

（2）建立音乐创作交流与展示平台。除了个人创作工具外，建立一个供学生交流学习和创作实践的平台同样重要。音乐创作社团或工作室就是这样的平台，它们不仅是学生交流聚集的场所，更是他们互相学习、分享经验、合作创作的大本营。在这样的环境中，学生可以相互激发灵感，共同进步。此外，这些平台还可以作为展示学生作品的重要窗口。通过定期举办的音乐会、作品展等活动，学生有机会将自己的作品呈现给更多的观众。这不仅能提升学生的自信心，还能帮助他们更好地理解观众的反应和需求，从而调整和完善自己的创作。

2. 动手尝试与创作实践

（1）鼓励学生动手尝试音乐创作。实践操作法的核心在于"实践"，因此鼓励学生动手尝试音乐创作是至关重要的。无论学生的音乐基础如何，都应鼓励他们拿起乐器、打开音乐软件，开始自己的创作之旅。初始阶段，学生可能会遇到各种困难和挑战，但正是这些经历让他们不断成长和进步。教师可以通过设置具体的创作任务来引导学生。例如，要求学生创作一首表达特定情感的歌曲，或者为某个场景配乐。这样的任务既能激发学生的创作欲望，又能让他们在实践中学习和掌握音乐创作的技巧。

（2）组织多样的音乐创作实践活动。为了让学生有更多的实践机会，教师应组织多样的音乐创作实践活动。音乐创作比赛是一个很好的选择，它不仅能激发学生的竞争意识，还能让他们在比赛中学习和借鉴他人的优点。此外，音乐会也是一个展示学生作品和才华的舞台，通过音乐会，学生可以感受到观众的反馈和认可，从而更加坚定自己的音乐梦想。除了比赛和音乐会，教师还可以邀请专业音乐人或专家进行点评和指导。这些专家不仅能提供宝贵的建议，还能帮助学生发现并解决在创作过程中遇到的问题。通过与专家的交流和学习，学生可以更快地提升自己的创作水平。

（三）模拟表演法

1. 模拟音乐会场景

（1）模拟音乐会场景的意义。模拟音乐会场景是一种有效的教学方法，旨在通过创造一个接近真实的音乐会环境，帮助学生更好地理解和掌握舞台表演的技巧。在这种模拟场景中，学生有机会亲身体验舞台表演的全过程，从而提升他们的舞台表演能力、自信心以及应对突发状况的能力。这种方法不仅有助于学生更深入地理解音乐会，还能为他们未来的职业生涯奠定坚实的基础。

（2）创设模拟音乐会环境。为了有效地模拟音乐会场景，首先需要在合适的场所设置舞台和观众席，如学校礼堂或音乐厅。这样的布局能够让学生感受到真实的音乐会氛围，从而更好地进入角色。在模拟音乐会的过程中，可以安排专业的舞台灯光和音响设备，以增强模拟的真实性。在环境布置上，可以悬挂音乐会海报、摆放音乐相关的装饰物等，以营造浓厚的音乐氛围。同时，可以邀请其他同学或老师作为观众，让学生感受到真实的表演压力，从而更好地锻炼他们的心理素质。

2. 模拟比赛场景

（1）模拟比赛场景的重要性。模拟比赛场景是音乐教育中一种富有挑战性的实践方法。教师通过模拟真实的比赛环境，让学生能够在相对安全可控的环境中体验竞赛压力，从而培养他们的竞争意识和表演欲望。这种方法不仅有助于提升学生的专业技能，还能增强他们的心理素质和应对挑战的能力。

（2）组织校内音乐比赛或选拔活动。为了模拟比赛场景，学校可以定期组织校内音乐比赛或选拔活动。这些活动应该模拟真实的比赛流程，包括报名、选拔、比赛和颁奖等环节。通过参与这些活动，学生将有机会展示自己的才华，同时能感受到比赛带来的压力和挑战。在比赛过程中，教师可以观察学生的表现，了解他们在竞赛环境下的应对能力和专业技能水平。同时，比赛结果还能作为学生进一步学习和提升的依据，帮助他们更好地认识自己的优点和不足。

（3）评委评分与点评，促进学生成长。在模拟比赛场景中，邀请专业评委进行评分和点评是至关重要的。评委应该具备丰富的音乐知识和教学经验，能够针对学生的表演给予客观、中肯的评价。他们的点评不仅有助于学生了解自己的表演水平，还能为学生提供宝贵的改进建议。

第三章

初中音乐教学
方法探究

第一节　初中传统音乐教学方法

一、主要方法概述

（一）讲授法

1. 定义与特点

讲授法是教师通过口头语言向学生传授知识、解释概念、阐明规律的教学方法。在初中音乐教学中，讲授法常用于传授乐理知识、介绍音乐作品及作曲家、解释音乐术语等。这种方法以教师为主导，注重知识的系统性和连贯性，能够帮助学生建立扎实的音乐理论基础。

2. 应用实例：乐理知识讲解、音乐史介绍

在乐理知识讲解中，教师可以通过讲授法向学生解释音符、节奏、音阶等基本概念，帮助学生理解音乐的基本构成元素。在音乐史介绍中，教师可以通过讲授不同时期的音乐风格、作曲家及其代表作品，让学生了解音乐发展的历史脉络。

（二）示范法

1. 定义与形式（教师示范、学生示范）

示范法是教师通过自身的示范动作或演示来展示音乐技能或表现方法，以供学生学习和模仿的教学方法。在初中音乐教学中，示范法常用于声乐技巧、器乐演奏等方面的教学。示范法可以分为教师示范和学生

示范两种形式。

2. 应用实例：声乐技巧示范、器乐演奏示范

在声乐技巧示范中，教师可以通过自身的演唱来展示正确的发声方法、呼吸技巧等，帮助学生掌握正确的歌唱姿势和声音控制方法。在器乐演奏示范中，教师可以通过演奏乐器来展示演奏技巧和音乐表现力，引导学生理解音乐作品的内涵和情感。

（三）练习法

1. 理论基础与实践操作

练习法是通过反复练习来巩固知识、提高技能的教学方法。在初中音乐教学中，练习法常用于视唱练耳、乐器演奏等技能训练。练习法的理论基础在于通过反复练习形成技能自动化，提高音乐表现的准确性和流畅性。

2. 应用实例：视唱练耳、乐器指法练习

在视唱练耳中，教师可以通过让学生反复练习音高、音程、节奏等音乐元素，提高学生的音乐感知能力和听辨能力。在乐器指法练习中，教师可以通过让学生反复练习各种指法组合和演奏技巧，提高学生的演奏水平和音乐表现力。

二、传统方法的局限性

在初中音乐教学中，传统方法虽然有一定的教学效果，但随着教育理念的更新和学生需求的变化，这些方法也逐渐暴露出了一些局限性。

（一）单一教学模式的局限性

1. 缺乏多样性，导致学生兴趣下降

传统的初中音乐教学方法，如讲授法、示范法和练习法，虽然直接且易于操作，但长期使用这些单一的教学模式会使学生感到单调乏味。

音乐本身是一种富有情感和创造力的艺术形式，而单一的教学模式往往只注重知识和技能的传授，忽视了音乐的艺术性和趣味性，从而使学生对音乐课的兴趣逐渐下降。

2. 不利于学生自主学习能力的培养

在单一的教学模式下，学生往往处于被动接受的状态，他们只需要按照教师的指示进行模仿和练习，而不需要主动思考和探索。这种教学方式不利于培养学生的自主学习能力。在现代教育中，自主学习能力被视为一项重要的核心素养，它关系到学生未来的发展和终身学习能力的形成。因此，传统方法的这一局限性亟待改进。

3. 阻碍了学生创新思维的发展

单一的教学模式往往强调标准答案和固定流程，这在一定程度上抑制了学生的创新思维。音乐是一种充满创意的艺术形式，它需要学生发挥想象力和创造力来创作和演绎。然而，在传统的教学模式下，学生的创新思维受到限制，他们很难有机会尝试不同的音乐风格和表现手法。这不仅影响了学生的音乐创作能力，也阻碍了他们在其他领域的创新发展。

（二）忽视学生的个体差异

1. 统一标准无法满足所有学生的需求

传统的教学方法往往采用统一的教学标准和进度，忽视了学生之间的个体差异。每个学生的音乐基础、学习兴趣和学习能力都不尽相同，因此，统一的教学方法可能无法满足所有学生的需求。这可能导致部分学生感到学习压力过大或缺乏挑战，从而影响他们的学习效果和积极性。

2. 缺乏个性化的学习资源和指导

在传统的教学方法下，教师往往按照统一的教学计划进行授课，很少根据学生的实际情况提供个性化的学习资源和指导。这导致一些学生可能无法获得适合自己的学习材料和学习路径，进而影响他们的学习效果。为了解决这个问题，教师需要更加关注学生的个体差异，为他们提供定制化的学习方案和资源。

3. 不利于学生的全面发展

忽视学生个体差异的传统教学方法不利于学生的全面发展。每个学生都有自己的优势和特长，而传统的教学方法往往只注重音乐知识和技能的传授，忽视了学生在其他方面的潜能和发展。为了促进学生的全面发展，教师需要更加关注学生的多元智能和兴趣爱好，为他们提供多元化的学习机会和资源。

（三）缺乏对学生创新能力的培养

1. 缺乏实践机会和创作平台

传统的教学方法往往只注重课堂教学和理论知识的传授，而忽视了实践操作和创作实践的重要性。音乐是一门实践性很强的艺术，学生需要通过实践来巩固和运用所学知识。然而，在传统的教学方法下，学生很少有机会参与音乐创作和表演活动，这影响了他们创新能力的培养。为了解决这个问题，教师需要为学生提供更多的实践机会和创作平台，让他们在实践中发挥自己的创新精神和创造力。

2. 不利于学生未来职业发展

在现代社会中，创新能力已经成为人才竞争的重要优势之一。然而，传统的教学方法在培养学生创新能力方面的不足可能不利于学生未来的职业发展。为了使学生更好地适应未来社会的需求和发展趋势，教师需要更加注重对学生创新能力的培养和提升，引入创新性的教学方法和活动来发展学生的创新思维和实践能力，从而为他们未来的职业发展打下坚实的基础。

第二节 现代教育技术在初中音乐教学中的应用

一、主要技术及其应用

（一）多媒体辅助教学

1. 音频、视频资源的利用

在初中音乐教学中，音频和视频资源的应用已经变得越来越普遍。教师可以利用高质量的音频资源，让学生更直观地感受音乐的韵律美、音色美，从而加深对音乐作品的理解。视频资源则可以用来展示音乐家的演奏技巧、音乐会的现场氛围等，使学生能够更直观地了解音乐的表现形式和演奏方法。这些资源不仅丰富了教学内容，还提高了学生的学习兴趣和积极性。

2. 虚拟乐器与音乐软件的应用

随着科技的发展，虚拟乐器和音乐软件在音乐教学中的应用也越来越广泛。虚拟乐器可以让学生在没有实体乐器的情况下，也能体验到演奏的乐趣，从而培养他们的音乐兴趣和实践能力。音乐软件则可以帮助学生学习乐理知识、进行音乐创作和编曲等，提升他们的音乐素养和创新能力。这些工具不仅降低了音乐学习的门槛，还为学生提供了更多自主学习和探索的空间。

（二）网络教学资源

1. 选择合适的在线音乐课程与平台

随着网络技术的飞速发展，越来越多的在线音乐课程和平台应运而生。这些在线课程涵盖了乐理知识、演奏技巧、音乐欣赏等多个方面，为学生提供了丰富的学习资源。学生可以根据自己的兴趣和需求，选择适合自己的课程进行学习。同时，这些平台通常还配备有互动功能，方便学生之间以及学生与教师之间的交流和学习。

2. 远程教学与互动学习

网络教学资源不仅提供了丰富的在线课程，还实现了远程教学与互动学习。借助网络平台，学生可以随时随地参与音乐课堂，与教师进行实时互动。这种教学方式打破了时间和空间的限制，让学生能够更加灵活地安排自己的学习时间。同时，远程教学有助于提高教学效率，教师可以根据学生的学习情况及时调整教学内容和方法。

（三）智能评估系统

1. 音乐技能智能评估技术

智能评估系统在初中音乐教学中的应用，为学生音乐技能的评估提供了更为客观、准确的方法。通过声音识别、节奏分析等技术手段，系统能够对学生的演唱、演奏等技能进行自动评分和反馈。这不仅减轻了教师的评估负担，还提高了评估的效率和准确性。

2. 学习进度与效果跟踪

智能评估系统能够实时跟踪学生的学习进度和效果，为教师提供个性化的教学建议。系统通过记录学生的练习数据、分析学生的学习习惯和问题所在，帮助教师更好地了解学生的学习状况，从而调整教学策略，提升教学效果。

3. 推荐个性化的学习路径

基于学生的学习数据和智能评估结果，系统还能为每个学生推荐个性化的学习路径。这种推荐机制确保了学生能够在适合自己的学习节奏和难度下逐步提升音乐技能，实现因材施教的教育理念。

二、技术应用的挑战与对策

随着科技的飞速发展，现代教育技术在音乐教学中的应用日益广泛，为教学带来了前所未有的便利与创新。然而，在实际应用过程中，现代教育技术也面临着一系列挑战。

（一）技术设备与师资培训问题

1. 技术设备的投入与更新

现代教育技术的应用离不开先进的技术设备支持。然而，许多学校在音乐教学技术设备的投入上仍然存在不足。一方面，设备的购置和更新需要大量资金，对于一些经济条件有限的学校来说，这是一笔不小的负担。另一方面，随着技术的不断进步，设备更新换代的速度也在加快，这就要求学校不断跟进，确保教学设备的先进性和完善性。

对策：为了解决这一问题，学校应该多渠道筹措资金，如争取政府拨款、社会捐赠或与其他机构合作等，以确保技术设备的及时投入和更新。同时，学校还可以建立设备共享机制，与其他学校或机构共享资源，提高设备的使用效率。

2. 教师的技术培训

现代教育技术的应用对教师提出了更高的要求。教师需要不断学习和掌握新技术，以便更好地将其应用于音乐教学中。然而，目前许多音乐教师在技术应用方面还存在一定的欠缺，需要加强相关培训。

对策：为了提高教师的技术应用水平，学校应定期组织教师进行技术培训，提高他们的技术应用能力。培训内容可以包括现代教育技术的基本理念、常用软件的操作方法、教学设计与实施等。此外，学校还可以鼓励教师参加各类技术交流活动，拓宽他们的视野，提高教学水平。

（二）学习习惯与自主性的培养

1. 学生学习习惯的转变

现代教育技术的应用要求学生具备良好的自主学习习惯。然而，部分学生可能习惯于传统的被动接受式学习，对新技术产生抵触心理，不愿意主动探索和学习。

对策：教师需要引导学生认识到现代教育技术的重要性，培养他们的学习兴趣和自主性。在教学过程中，教师可以设置一些趣味性的学习任务，激发学生的学习兴趣，同时鼓励学生利用网络资源进行自主学习，培养他们的信息检索和处理能力。

2. 家长的参与和支持

家长在孩子的音乐教育中扮演着重要角色。然而，一些家长可能对现代教育技术持保留态度，担心孩子过度依赖技术而影响学习效果。

对策：教师应与家长保持密切沟通，解释现代教育技术在音乐教育中的重要作用，争取他们的理解和支持。同时，家长应积极参与孩子的音乐教育过程，督促孩子养成良好的学习习惯和自主性。学校可以定期举办家长会，让家长了解学校的教学计划和成果，增强他们对孩子音乐教育的信心。

（三）技术与人文教育的融合

1. 技术与人文教育的平衡

在音乐教育过程中，过度依赖技术可能导致人文教育的缺失。技术虽然为教学带来了便利和创新，但也可能使学生忽视音乐背后的文化内涵和人文精神。

　　对策：教师需要明确技术的辅助地位，将其与人文教育相结合。在教学过程中，教师应注重培养学生的审美情趣、文化素养和合作精神等人文素质。例如，在利用技术进行教学时，可以穿插介绍相关的音乐历史、文化背景和艺术家生平事迹等内容，让学生在学习的同时感受音乐的魅力和文化内涵。

　　2. 实践活动的丰富与拓展

　　音乐教育不仅是理论知识的传授，更需要通过实践活动来培养学生的实际操作能力和团队合作精神。然而，在现代教育技术的应用过程中，部分学生可能过于依赖虚拟环境而忽视了现实生活中的实践机会。

　　对策：教师应鼓励学生参与各种音乐活动和实践项目，如合唱团、乐团等团体活动，以及校外的音乐比赛和演出等。这些活动不仅可以锻炼学生的实际操作能力，还能让他们在应用技术的同时体验到音乐的魅力和文化内涵。同时，学校可以邀请音乐家、作曲家等业内人士来校进行交流与指导，为学生提供更多的学习机会和资源。

第三节　初中创新性教学方法探索

随着教育改革的不断深化，创新性教学方法的探索与实践已成为教育领域的重要议题。以下是对初中创新性教学方法的探索。

一、创新方法实例

（一）项目式学习

1. 定义与实施步骤

项目式学习是一种以学生为中心的教学方式，它通过让学生参与到实际项目的规划和实施中，以解决问题或完成实际任务为目标，从而促进学生的深度学习。实施步骤通常包括选定项目主题、制订项目计划、进行实践研究、展示与交流成果以及反思与评价等。

2. 应用实例：音乐创作项目、音乐会策划

在音乐教学中，可以开展音乐创作项目，让学生以小组为单位，自主选择音乐风格、创作歌词和旋律，最终完成一首原创歌曲。此外，也可以策划一场小型音乐会，让学生负责节目的选择、排练、宣传等各个环节，培养他们的组织协调能力。

3. 促进学生综合能力提升

项目式学习不仅能够提升学生的音乐素养和技能，还能培养他们的团队协作能力、创新思维和问题解决能力。通过实际操作和亲身体验，学生能够更加深入地理解音乐的内涵和价值，同时为他们的全面发展打下坚实的基础。

（二）翻转课堂

1. 教学模式与特点

翻转课堂是一种将传统课堂中的知识传授和内化过程进行颠倒的教学模式。在翻转课堂中，学生在课前通过观看视频、阅读资料等方式自主学习新知识，而课堂时间则主要用于讨论、实践和解决疑惑。这种教学模式能够更好地激发学生的学习兴趣，提高他们的自主学习能力和批判性思维。

2. 在音乐教学中的应用案例

在音乐教学中，教师可以提前录制相关乐理知识、演奏技巧等讲解视频，并发布到在线平台上供学生自主学习。课堂上，教师可以组织学生进行音乐作品的欣赏、分析和演奏实践，针对学生在自主学习过程中遇到的问题进行解答和指导。

3. 增强学生自主学习能力

翻转课堂模式使学生成为学习的主体，他们需要在课前进行自主预习和思考，这有助于培养他们的自主学习能力和学习习惯。同时，课堂上的互动和讨论能帮助学生更好地理解和掌握知识，提升他们的学习效果。

（三）游戏化学习

1. 游戏化元素在音乐教学中的应用

游戏化学习是将游戏元素和机制融入学习过程中，以提高学生的学习兴趣和参与度。在音乐教学中，可以通过设置音乐游戏、音乐竞赛等方式，让学生在轻松愉快的氛围中学习音乐知识和技能。

2. 激发学生学习兴趣与参与度

游戏化学习能够充分利用学生的好奇心和竞争意识，激发他们的学习兴趣和积极性。通过参与音乐游戏和竞赛，学生能够更加主动地投入学习中，提高学习效率和质量。

3. 注意事项与设计原则

在设计游戏化学习活动时，教师需要将活动的趣味性和教育性相结合，确保学生在游戏中能够真正学到知识。同时，教师要关注学生的个体差异和需求，设置不同层次的任务和挑战，以满足不同学生的学习需求。

二、创新方法的实施策略

随着教育改革的不断深入，教师需要不断探索和实施创新性的教学方法，以更好地培养学生的创新能力和综合素质。

（一）灵活选择与组合教学方法

1. 因材施教，选择合适的教学方法

在实际教学中，教师应根据学生的实际情况和教学内容，灵活选择适合的教学方法。不同的学生有着不同的学习特点和兴趣爱好，因此，教师需要充分了解学生的需求和特点，选择能够激发学生兴趣、调动学生积极性的教学方法。例如，对于活泼好动的学生，可以采用游戏化教学法，让学生在轻松愉快的氛围中学习知识；对于喜欢思考的学生，可以采用探究式教学法，引导学生通过自主探究来发现问题、解决问题。

2. 创新组合，发挥教学方法的最大效用

单一的教学方法往往难以满足复杂多变的教学需求，因此，教师需要创新性地组合多种教学方法，以充分发挥各种教学方法的优势。例如，在项目式学习中融入游戏化元素，让学生在完成项目的过程中体验游戏的乐趣，从而更加积极地投入学习中；在翻转课堂中引入小组合作与讨论等环节，让学生在课前自主学习的基础上，通过小组讨论来深化对知识的理解，提高学习效果。

3. 不断尝试，持续优化教学方法

教学是一个动态的过程，教师需要不断尝试新的教学方法，并根据实际效果进行调整和优化。在实施创新性教学方法的过程中，教师应保持开放的心态，勇于尝试、敢于创新，通过实践来检验教学方法的有效性。同时，教师应关注教育领域的最新动态和研究成果，及时将新的教学理念和方法引入自己的教学中。

（二）注重学生主体性的发挥

1. 激发学生的学习兴趣和动力

创新性教学方法强调学生的主体地位和主动性。因此，在实施过程中，教师应首先注重激发学生的学习兴趣和动力。通过设计生动有趣的教学活动、引入与学生生活密切相关的案例等方式，让学生感受到学习的乐趣和实用性，从而更加积极地投入学习中。

2. 培养学生的自主学习能力和探究精神

除了激发学生的学习兴趣外，教师还应注重培养学生的自主学习能力和探究精神。在教学过程中，教师可以设置一些开放性的问题或任务，引导学生通过自主探究、合作学习等方式来解决问题、完成任务。这样不仅可以锻炼学生的自主学习能力，还能培养他们的探究精神和创新思维。

3. 鼓励学生发表观点和展示成果

为了充分发挥学生的主体性，教师还应鼓励学生发表自己的观点和展示自己的成果。在课堂上，教师可以设置讨论环节或展示环节，让学生有机会表达自己的想法和展示自己的作品。这样不仅可以增强学生的

自信心和表达能力，还能促进他们之间的交流与合作。

（三）加强教学反思与评估

1. 及时收集学生的反馈意见

为了不断优化和完善创新性教学方法的应用效果，教师需要及时收集学生的反馈意见，通过问卷调查、个别访谈等方式，了解学生的学习感受和需求，以便及时调整教学方法和策略。同时，教师可以鼓励学生提出自己的建议和想法，和学生共同参与到教学改进的过程中。

2. 观察学生的学习表现并进行分析

除了收集学生的反馈意见外，教师还应密切观察学生的学习表现并进行分析。通过观察学生在课堂上的表现、作业完成情况等方面来了解学生的学习状态和效果。同时，教师可以利用一些评估工具来对学生的学习成果进行量化评估，以便更加客观地了解学生的学习情况。

3. 关注学生的个体差异并提供个性化指导

每个学生都是独一无二的个体，他们有着不同的学习特点和发展需求。因此，在加强教学反思与评估的过程中，教师需要关注学生的个体差异并提供个性化的指导和支持，根据学生的实际情况和需求，设计针对性的教学计划和辅导方案，帮助学生更好地发挥自己的潜能和优势。同时，教师应与家长保持密切沟通与合作，共同促进学生的全面发展。

第四章

初中音乐教学的实践
与案例分析

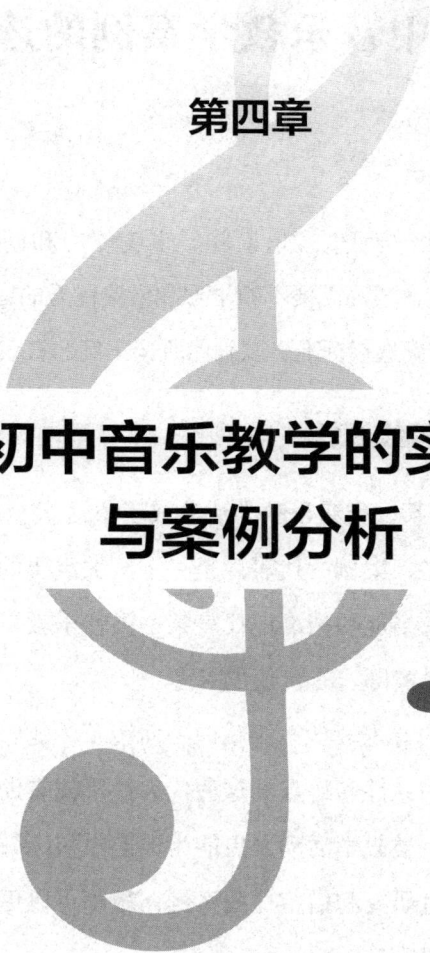

第一节　初中音乐教学案例的选择标准

初中音乐教学是培养学生音乐素养、审美能力和创造力的重要环节。为了提升教学质量，教师需要不断学习和借鉴优秀的音乐教学案例，在选择案例时，需要明确选择标准，以确保所选案例的有效性和适用性。

一、案例应具有代表性

（一）案例应代表某一类音乐教学活动或现象

在音乐教学领域中，案例的代表性是一个至关重要的标准。一个优秀的音乐教学案例，应当能够精准地代表某一类音乐教学活动或现象，从而为教育工作者提供实际、有价值的参考。

一个具有代表性的音乐教学案例就像一面镜子，能够折射出某一类音乐教学活动或现象的共性和特点。这种代表性不仅有助于教育工作者全面、深入地理解某一类教学活动，更能为他们在实际教学中提供可操作的指导和建议。通过研究和借鉴这些案例，教师可以更加明确教学目标，优化教学方法，提升教学效果。

1. 具有代表性案例

一个具有代表性的音乐教学案例，通常具备以下几个特点：首先，它能够全面展示某一类音乐教学活动的全过程，包括教学目标、教学内容、教学方法、师生互动等各个环节；其次，它能够真实反映学生在该类活动中的学习状态和效果，以及可能遇到的问题和困惑；最后，它能够提供针对该类活动的有效教学策略和解决方案，帮助教师更好地应对实际教学中的挑战。

例如，在节奏训练的教学中，一个具有代表性的案例可能会详细描述如何通过游戏化的方式激发学生的兴趣，如何运用多种节奏型进行练习，以及如何在训练中注重学生的个体差异等。这样的案例不仅能让教师了解到节奏训练的全貌，还能为他们提供具体、实用的教学建议。

2. 如何选择和运用代表性案例

在选择和运用代表性案例时，教师需要注意以下几点：首先，要确保所选案例与自己的教学内容和目标高度相关；其次，要深入分析案例中的教学策略和解决方案，理解其背后的教育理念和原则；最后，要结合自己的实际情况，灵活地将案例中的经验应用到自己的教学中。

（二）案例应反映音乐教学中的普遍问题或成功经验

音乐教学案例作为教育实践的具体记录，其重要性不仅在于展现特定的教学活动，更在于能够反映音乐教学中的普遍问题或成功经验。

1. 音乐教学案例与普遍问题的关联

在音乐教学中，教师经常会遇到一些共性的问题，如学生兴趣不高、教学效果不明显、教学资源有限等。一个优秀的音乐教学案例往往能够深刻地反映出这些问题，并通过对这些问题的剖析，帮助教师找到症结所在，从而有针对性地改进教学方法。例如，某个案例中可能会描述一个教师在面对学生兴趣不高的问题时，如何通过创新教学方式、引入学生喜爱的音乐元素等手段，成功激发学生的学习兴趣。这样的案例就为其他教师在解决类似问题时提供了有益的参考。

2. 音乐教学案例与成功经验的分享

除了反映普遍问题外，音乐教学案例还是成功经验的重要载体。一个成功的音乐教学案例通常会详细记录教师在实际教学中的有效做法和创新尝试，以及这些做法带来的积极成果。这些成功经验对于其他教师来说，具有极高的借鉴价值。通过学习这些案例，教师可以了解到哪些教学方法在实践中被证明是行之有效的，从而在自己的教学中加以应用，提升教学效果。

二、案例应具有真实性

（一）案例来源于实际教学过程，未经虚构或夸大

在音乐教学研究与实践中，案例的真实性至关重要。一个真实的案例能够客观地反映音乐教学的实际情况，为教师提供可靠的参考和启示。

1. 真实案例的价值与意义

真实的音乐教学案例具有极高的价值和意义。它们不仅记录了实际教学过程中的点点滴滴，更展现了教师在面对真实教学环境和学生时的应对策略和教学方法。这些案例未经虚构或夸大，因此能够真实地反映音乐教学的复杂性和多样性，为教师提供宝贵的经验和教训。

教师通过研究和借鉴真实案例，可以更加深入地了解音乐教学的实际情况，学习其他教师的成功经验和教学方法，从而提升自身的教学水平和能力。同时，真实案例能帮助教师更好地理解和应对教学中的挑战和问题，增强教学效果，提高教学质量。

2. 案例的真实性与教学实践的紧密联系

真实的音乐教学案例与教学实践紧密相连。它们来源于实际教学过程，是对真实教学事件的记录和反思。因此，这些案例能够直接反映音

乐教学中的实际问题、学生的真实反应以及教师的教学策略。

通过分析真实的案例，教师可以更加深入地了解学生的需求和特点，以及不同教学方法在实际教学中的应用效果。这种紧密的联系使得真实的案例成为教师改进教学方法、优化教学策略的重要依据。

3. 确保案例真实性的方法与措施

为了确保音乐教学案例的真实性，需要采取一系列的方法和措施。首先，案例的收集者需要深入教学现场，亲眼观察并记录实际教学过程；其次，对案例的描述和分析需要基于客观事实，避免主观臆断和夸大其词；最后，可以通过与其他教师、学生和家长的交流，进一步验证案例的真实性和准确性。

同时，对于收集到的案例，需要进行严格的筛选和审核，确保其真实性和代表性。只有经过严格筛选的真实案例，才能为教师提供有价值的参考和启示。

（二）保证案例数据的真实可靠，便于分析与借鉴

在音乐教学研究与实践中，确保案例数据的真实可靠至关重要。这不仅关系到案例的质量和可信度，更直接影响到后续的分析与借鉴。

1. 真实可靠的数据在音乐教学中的意义

真实可靠的案例数据对音乐教学具有深远的意义。首先，它们可以帮助教师更准确地了解学生的学习情况和需求，从而制订更有针对性的教学计划和策略；其次，通过对比和分析不同案例的数据，教师可以发现教学中的共性和差异，进一步优化教学方法和手段；最后，真实可靠的数据还可以为音乐教学研究和改革提供有力的支持，推动音乐教育的持续发展和进步。

2. 保证数据真实可靠的方法与措施

为了确保案例数据的真实可靠，我们需要采取一系列的方法和措施。首先，数据的收集过程必须严谨、科学，遵循实事求是的原则。其次，对于音乐教学案例中的数据，我们应通过课堂观察、教学记录、学生反馈等多种渠道进行收集，确保数据的全面性和准确性。

数据的处理和分析过程也需要严格把关。我们应采用科学的方法对数据进行整理、分类和统计，避免出现人为的误差和偏差。同时，对于数据的解读和推断也需要谨慎，避免过度解读或误读数据。

我们可以通过第三方验证的方式来确保数据的真实性。例如，可以邀请其他教师或专家对数据进行复核和审查，或者采用一些技术手段对数据进行验证和比对。

三、案例应具有典型性

（一）案例应具有鲜明的特点或突出的亮点

在音乐教学领域，典型案例因其鲜明的特点或突出的亮点而备受关注。

1. 案例应具有鲜明的特点

一个具有鲜明特点的音乐教学案例，能够迅速抓住人们的注意力，让人印象深刻。这种特点可能体现在教学内容的选择、教学方法的运用、师生互动的方式等多个方面。例如，某案例可能通过独特的音乐选材，将民族音乐与现代流行音乐巧妙结合，让学生在欣赏和学习中感受到音乐的多元与魅力。这样的案例不仅令人耳目一新，更能激发学生的学习兴趣，提高教学效果。

2. 案例应具有突出的亮点

典型案例中的突出亮点，是其区别于其他案例的重要标志。这些亮点可能包括创新的教学理念、实用的教学技巧、有效的课堂管理策略等。例如，某个案例可能展示了如何通过游戏化教学法，让学生在轻松愉快的氛围中掌握音乐知识和技能。这样的亮点不仅提升了案例的吸引力，更为其他教师提供了可借鉴的教学经验。

3. 如何挖掘和呈现案例的鲜明特点与突出亮点

为了挖掘和呈现音乐教学案例的鲜明特点与突出亮点，教师需要具备敏锐的观察力和创新思维。首先，教师要关注音乐教学的最新动态和趋势，及时捕捉新的教学理念和方法；其次，教师要在实践中不断探索和创新，尝试将新的教学理念和方法应用于实际教学中；最后，教师要学会总结和提炼自己的教学经验，形成具有鲜明特点和突出亮点的音乐教学案例。

（二）案例应引起读者的共鸣或思考

典型的音乐教学案例，除了具备鲜明的教育价值和实践意义外，更重要的是能够触动读者的内心，引发共鸣或深入思考。

1. 共鸣的力量

一个典型的音乐教学案例，往往能通过生动的情节和真实的情感，让读者产生共鸣。这种共鸣不仅体现在对教育理念的认同上，更体现在对教育实践的感同身受上。例如，描述一位音乐教师如何通过耐心和爱心，帮助一个音乐基础薄弱的学生找回自信并取得进步的案例，就能让许多教育者感受到教育的力量和温暖，从而产生强烈的情感共鸣。

2. 思考的深度

除了引发共鸣外，典型的音乐教学案例还能激发读者的深入思考。这些案例通常触及音乐教育的核心问题，如音乐教育的目标、内容、方法及评价方式等。通过对这些问题的深入探讨，读者不仅能够对音乐教育的现状有更清晰的认识，还能对未来音乐教育的发展方向产生更深刻的思考。例如，一个关于如何将民族音乐文化融入音乐教学的案例，就可能引发读者对音乐教育本土化、多元化等问题的深入思考。

3. 如何打造能引发共鸣和思考的案例

要打造能引发共鸣和思考的音乐教学案例，首先需要教师具备敏锐的洞察力和深刻的思考能力。教师需要关注音乐教育的热点问题，捕捉教育实践中的典型事件，通过生动的叙述和深入的分析，将其呈现给读者。同时，教师需要注重案例的情感表达和思想深度，让读者在阅读过程中产生共鸣和思考。

四、案例应具有可复制性

（一）案例中的教学方法、策略等应具有一定的可操作性

在音乐教学案例的选择上，可复制性是一个不可忽视的重要特征。

1. 教学方法的明确性

一个可复制的音乐教学案例，其教学方法应该是明确且具体的。这意味着案例应该详细描述教师的教学步骤、学生的活动安排，以及所需的教学材料和设备。例如，在案例中明确说明教师如何引导学生欣赏音乐、如何组织学生进行音乐创作，以及如何利用特定的音乐软件或乐器进行辅助教学等。这样的明确性有助于其他教师快速理解和掌握案例中的教学方法，从而提高复制的成功率。

2. 教学策略的实用性

除了教学方法的明确性外，可复制的音乐教学案例还应提供实用的教学策略。这些策略应该是基于实际教学经验的总结，能够有效地解决音乐教学中常见的问题和挑战，例如如何激发学生的学习兴趣、如何提高学生的音乐表现能力、如何进行有效的课堂管理等。这些实用的教学策略能够为其他教师提供有力的参考，帮助他们在复制案例的过程中更好地应对各种教学情况。

（二）案例中的教学方法，策略等应便于其他教师在类似情境下进行复制或改进

可复制性不仅要求音乐教学案例提供具体、明确的教学方法和策略，还要求这些方法和策略能够在不同的教学环境和类似情境中被其他教师轻松地复制或改进。

1. 适应不同教学环境的需求

音乐教学环境因学校、地区甚至国家的不同而有所差异，包括教学设施、学生背景、文化背景等。因此，一个可复制的音乐教学案例应该考虑到这些差异，提供能够适应不同教学环境的方法和策略。例如，对于资源有限的地区，案例可以提供利用有限资源进行创新教学的方法；对于文化背景多样的环境，案例可以展示如何融入当地文化元素，增强教学的针对性和吸引力。

2. 便于教师根据实际情况进行改进

每个教师都有自己的教学风格和理念，每个学生群体也有其独特的特点和需求。因此，一个优秀的音乐教学案例应该有足够的灵活性，允许教师根据自身的实际情况和学生的需求对教学方法和策略进行必要的改进。这样的案例不仅能够帮助教师更好地适应自己的教学环境，还能激发他们的创新精神和教学热情。

五、案例应具有教育意义

（一）案例应具有一定的教育启示或反思价值

音乐教学案例作为教育实践的具体展示，其重要性不仅在于提供了可借鉴的教学方法，更在于其所蕴含的教育启示和反思价值。

1. 教育启示的意义

优秀的音乐教学案例往往是教育实践的缩影，它们反映了教师在特

定情境下的应对策略和教学智慧。这些案例为教师提供了丰富的教育资源，其中蕴含的教育启示可以帮助教师更好地理解音乐教学的目标和意义。例如，一个成功的教学案例可能会展示如何通过创新的教学方法激发学生的学习兴趣，这样的启示对于其他教师在面对类似教学问题时具有重要的参考价值。

2. 教育反思的意义

音乐教学案例的另一个重要价值在于其能够引发教师的深度反思。通过对案例中教学活动的分析和思考，教师可以审视自己的教学理念、方法和效果，从而发现可能存在的问题和不足。这种反思过程有助于教师调整教学策略，提升教学效果。例如，一个描述学生音乐创作过程的案例，可能会让教师反思自己在教学中是否充分尊重了学生的主体性和创造性，进而调整自己的教学方式。

（二）案例应促进教师对音乐教学的深入理解和反思

优秀的音乐教学案例不仅为教师提供了实用的教学方法和策略，更重要的是它们能够促进教师对音乐教学的深入理解和反思。这种深入理解和反思对于教师的专业成长和教学质量的提升具有至关重要的作用。

1. 深入理解音乐教学的本质和目标

通过分析音乐教学案例，教师可以更加深入地理解音乐教学的本质和目标。案例中的具体教学活动和策略往往体现了音乐教育的基本理念和价值取向，如培养学生的音乐兴趣、提高学生的音乐素养、促进学生的全面发展等。通过深入剖析这些案例，教师可以更加清晰地认识到音乐教学的核心价值和意义，从而更好地把握教学的方向和目标。

2. 反思自身的教学方法和效果

优秀的音乐教学案例还可以促使教师反思自身的教学方法和效果。与案例中的教学活动相比，教师可以发现自己的教学方法是否存在不足，教学效果是否达到预期。这种反思有助于教师及时调整教学策略，改进教学方法，提高教学效果。同时，教师通过反思可以更加明确自己在音乐教学中的角色和定位，更好地发挥自身的教学优势。

3. 激发创新思维和实践勇气

优秀的音乐教学案例往往蕴含着创新的教学理念和方法。这些创新点可以激发教师的创新思维和实践勇气，推动他们在音乐教学中不断探索和尝试新的方法和手段。通过学习和借鉴案例中的创新做法，教师可以拓宽教学视野，丰富教学手段，提高教学的趣味性和有效性。这种创新思维和实践勇气的激发对于教师的专业成长和教学质量的提升具有重要的推动作用。

第二节　初中音乐教学实践中的
挑战与对策

音乐教育作为素质教育的重要组成部分，在初中阶段具有不可替代
的地位。然而，在实际的教学过程中，音乐教师常常会面临各种挑战。

一、挑战分析

（一）学生音乐基础差异大

在初中音乐教学中，学生音乐基础的差异性是一个不容忽视的挑
战。这种差异主要体现在音乐理论知识的掌握、乐器演奏技能以及歌唱
技巧等方面，对教师的教学策略和方法提出了更高的要求。

1. 音乐理论基础的差异

小学阶段音乐教育的不均衡，导致初中生在音乐理论基础方面存在
显著差异。一些学生可能已经对基本的音乐概念、音符、节拍等有了较
好的掌握，而另一些学生则可能对这些基础知识一无所知。这种差异使
得教师在教授音乐理论时难以统一教学进度和内容，需要针对不同层次
的学生进行个性化教学。

2. 乐器演奏技能的差异

乐器演奏是音乐教育中的重要组成部分，然而，学生在乐器演奏技能方面的差异也给教学带来了挑战。一些学生可能已经有过乐器学习的基础，能够熟练演奏某些乐器，而另一些学生则可能从未接触过乐器。这就要求教师在乐器教学中既要满足有基础学生的提升需求，又要兼顾无基础学生的入门学习。

3. 歌唱技巧的差异

歌唱是音乐教育中最直接、最感性的表达方式，但学生在歌唱技巧方面同样存在差异。有的学生可能具备良好的音准和节奏感，能够轻松驾驭各种歌曲，而有的学生则可能在音准、气息控制等方面存在困难。这种差异需要教师在歌唱教学中给予个性化的指导和帮助，以提升学生的歌唱水平。

面对学生音乐基础差异大的挑战，教师需要采取灵活多样的教学策略和方法。例如，可以通过分组教学、分层教学等方式来满足不同学生的需求，同时积极利用课外活动和辅导来弥补课堂教学的不足，为学生提供更多的实践机会和个性化指导。

（二）教学资源有限

初中音乐教学中，教学资源的有限性是一个普遍且重要的挑战。这种限制不仅影响了教学质量，也制约了音乐教育的全面发展。

1. 音乐教学设备不足

音乐教学设备是开展音乐教育的基础设施，然而许多学校在这方面的投入并不充足。乐器的种类和数量有限，音响设备陈旧或缺乏，这都使得教师在进行教学时受到很大的制约。例如，在进行音乐欣赏课时，高质量的音响设备能够让学生更好地感受音乐的魅力，提升教学效果；在进行乐器演奏教学时，足够的乐器数量可以让学生有更多的实践机会。

2. 音乐教材更新缓慢

音乐教材的更新速度往往跟不上音乐文化的发展速度。一些新的音乐形式、风格和作品难以及时纳入教材中，导致教材内容与时代发展脱节。这不仅影响了学生的学习兴趣，也限制了教师的教学内容选择。因此，学校和教育部门应加大对音乐教材的更新力度，及时引入新的音乐元素，让教材更加贴近时代、贴近生活。

3. 教学辅助材料缺乏

除了教材和基本的教学设备外，音乐教学还需要丰富的辅助材料来支持，如音乐软件、教学视频、乐谱等。这些辅助材料可以帮助学生更好地理解和掌握音乐知识，提升学习效果。然而，由于资源有限，这些辅助材料往往难以得到满足，影响了音乐教学的深度和广度。

面对教学资源有限的挑战，学校和教师应积极寻求解决方案。例如，可以通过校企合作、社会捐赠等方式筹集资金，改善教学设备条件。同时，教师可以利用网络资源自主开发或寻找合适的教学辅助材料，丰富教学内容和手段。

（三）学科重视程度不足

在初中教育体系中，音乐教育虽然具有重要价值，但在实际教学中往往受到忽视，学科重视程度不足成了一个显著的挑战。

1. 音乐教育边缘化

由于升学压力和应试教育的影响，音乐教育在初中课程中往往被边缘化。学校、家长和学生更倾向于将精力投入语文、数学、外语等主科上，认为这些科目对于升学和未来发展更为重要。这种观念导致音乐教育在课时分配、教学资源投入等方面受到忽视。

2. 教师教学热情受限

学科重视程度不足也影响了音乐教师的教学热情。由于音乐教育在学校中的地位较低，音乐教师可能感到自己的工作价值被忽视，从而缺乏教学动力和创新精神。这种情况不仅影响了教学质量，也制约了音乐教育的整体发展。

3. 学生兴趣培养受阻

音乐教育是培养学生审美情趣和创造力的重要途径。然而，由于学科重视程度不足，学生在音乐学习上的时间和精力投入有限。这不仅限制了学生音乐素养的提升，也阻碍了他们对音乐兴趣的深入培养和发展。

二、应对策略

（一）实施分层教学

面对学生音乐基础差异大的挑战，分层教学是一种有效的应对策略。通过分层教学，教师可以根据学生的实际水平和需求，制订个性化的教学计划，从而确保每个学生都能在音乐学习中获得成长和进步。

1. 了解学生音乐基础

在实施分层教学之前，教师需要通过课前测试、问卷调查或与学生面对面交流等方式，全面了解学生的音乐基础。这包括学生的音乐理论知识掌握情况、乐器演奏技能以及歌唱技巧等。只有充分了解学生的实际情况，教师才能准确地将学生划分为不同的层次，为后续的教学做好准备。

2. 合理划分学生层次

根据学生的音乐基础，教师可以将学生划分为初级、中级和高级三个层次。初级层次的学生主要是那些音乐基础薄弱或没有基础的学生；中级层次的学生具有一定的音乐基础，但需要进一步加强和提高；高级层次的学生具有较好的音乐素养和技能，可以进行更高难度的学习和实践。

3. 制订个性化的教学计划

针对不同层次的学生，教师需要制订个性化的教学计划。对于初级层次的学生，教师应注重基础知识和技能的训练，帮助他们建立扎实的音乐基础；对于中级层次的学生，教师可以在巩固基础的同时，适当增加难度，提升他们的音乐素养；对于高级层次的学生，教师可以引导他们进行深入的音乐学习和实践，培养他们的创新能力和表演才华。

4. 动态调整学生层次

分层教学并非一成不变，而是需要根据学生的学习进步和反馈进行动态调整。教师在教学过程中应密切关注学生的学习情况，及时发现并调整学生的层次。这种动态调整不仅可以确保分层教学的有效性，还可以激发学生的学习积极性和竞争意识。

（二）充分利用现有资源，争取更多支持

在教学资源有限的情况下，如何充分利用现有资源并争取更多支持，是音乐教师需要面对的重要问题。

1. 最大化利用现有资源

教师应合理安排课程，确保音乐教室和乐器的最大化利用。例如，可以通过错峰排课的方式，避免不同班级在音乐教室和乐器使用上的冲突。同时，教师可以鼓励学生自带乐器，以缓解学校乐器不足的问题。

2. 积极沟通，争取支持

教师应积极与学校领导沟通，阐述音乐教学的重要性和面临的资源困境，争取更多的教学资源和设备支持。此外，教师可以与家长和社区建立联系，寻求他们的支持和帮助。例如，可以邀请有音乐专长的家长或社区人士来学校进行音乐讲座或指导，丰富教学内容和形式。

3. 利用网络资源丰富教学手段

教师可以利用网络资源，如在线音乐课程和教学视频等，丰富教

学内容和手段。这些网络资源不仅可以为学生提供更多的学习选择和机会，还可以帮助教师拓宽教学视野和思路。同时，教师可以利用网络平台与其他音乐教师交流和分享教学经验，提升自身的专业素养和教学能力。

（三）提升学科地位，激发学生兴趣

提升音乐学科的地位并激发学生的学习兴趣是初中音乐教学的重要任务。

1. 强调音乐教育的重要性

教师应与学校领导和其他科任教师沟通，强调音乐教育在素质教育中的重要性。音乐不仅是一种艺术形式，更是一种独特的语言和交流方式。通过学习音乐，学生可以培养审美情趣、创造力和团队协作能力等多方面的素质。因此，音乐教育应被视为学校教育体系中的重要组成部分。

2. 组织丰富多样的音乐活动

教师可以通过组织音乐会、音乐比赛、音乐节等丰富多样的音乐活动来激发学生的学习兴趣和参与度。这些活动不仅可以为学生提供展示才华的舞台，还可以让他们在实践中感受音乐的魅力和价值。同时，教师可以邀请专业音乐家或音乐团体来学校进行表演和交流，拓宽学生的音乐视野和认知。

3. 与其他学科融合教学

教师可以将音乐与其他学科相结合进行教学，如历史、文化、数学等。例如，在学习历史课程时，可以通过欣赏与历史事件相关的音乐作品来加深学生对历史背景的理解；在学习数学课程时，可以通过音乐中的节奏和旋律来引导学生探索数学中的规律和美感。这种跨学科的教学方式不仅可以提升音乐教育的综合性和实用性，还可以激发学生的学习兴趣和创造力。

第三节　初中音乐教学案例的
启示与教学反思

初中音乐教学案例不仅为音乐教育者提供了实际的教学参考，还蕴含着丰富的教育理念和教学方法。通过对这些案例的深入剖析，我们可以得到诸多启示，并对自身的教学实践进行反思，以更好地适应未来音乐教学的发展趋势。

一、案例启示

（一）音乐教学的灵活性与创新性

1. 灵活运用多种教学方法

在初中音乐教学案例中，我们不难发现，那些能够灵活运用多种教学方法的教师，往往能够取得更好的教学效果。传统的教学方法，如讲解乐理知识、示范演唱等，虽然比较基础且重要，但单一使用这些方法容易使学生感到枯燥乏味。因此，教师需要不断探索和尝试新的教学方法，以适应不同学生的学习需求和兴趣点。

例如，有的教师通过引入流行音乐元素，让学生在分析流行歌曲的旋律、节奏和和声等音乐要素的过程中，学习乐理知识，这种方式既激发了学生的学习兴趣，又提高了他们的音乐鉴赏能力。还有的教师结合多媒体技术，利用音乐软件、音乐视频等教学资源，让学生在视觉和听觉上得到更丰富的体验，从而加深对音乐的理解和感受。

2. 创新教学策略的实践意义

创新是推动教育发展的重要动力。在音乐教学中，创新不仅体现在教学方法上，还体现在教学内容、教学评价等多个方面。通过创新教学策略的实践，教师可以更好地激发学生的学习兴趣，培养他们的创新思维和创造能力。同时，创新的教学策略有助于提升教师的教学水平，形成自己独特的教学风格。

例如，有的教师尝试开展互动式教学，鼓励学生在课堂上进行即兴创作和表演，这种教学方式不仅增强了学生的参与感和体验感，还培养了他们的团队合作精神和创新意识。还有的教师通过组织学生进行音乐剧的编排和表演，让学生在实践中学习音乐知识，提升他们的音乐素养和综合能力。

（二）关注学生个体差异

1. 个体差异对音乐教学的影响

每个学生都是独一无二的个体，他们有着不同的音乐兴趣、学习能力和学习风格。这些个体差异对音乐教学效果有着重要影响。如果教师忽视了学生的个体差异，采用一刀切的教学方式，那么很可能导致部分学生无法跟上教学进度，甚至对音乐学习产生抵触情绪。

因此，关注学生的个体差异是音乐教学成功的关键之一。教师需要了解每个学生的特点，根据他们的兴趣和能力制订个性化的教学方案。例如，对于音乐基础较好的学生，教师可以给予更高层次的挑战，如参加音乐比赛、进行音乐创作等；而对于音乐基础较差的学生，教师则需要给予更多的指导和帮助，以提升他们的学习自信心和兴趣。

2. 因材施教的教学策略

因材施教的教学策略强调根据学生的个体差异进行教学。在音乐教学中，这意味着教师需要根据学生的音乐兴趣、学习能力和学习风格来制订教学计划和实施不同的教学方法。

例如，对于喜欢流行音乐的学生，教师可以通过分析流行音乐的特点和风格来引导他们学习乐理知识和演唱技巧；对于喜欢古典音乐的学生，教师可以通过介绍古典音乐作品和作曲家来拓宽他们的音乐视野和审美能力。同时，教师需要根据学生的学习能力来调整教学进度和难度，以确保每个学生都能够在自己的基础上取得进步。

（三）案例教学对音乐教师专业成长的重要性

1. 案例教学可以拓宽教学思路

案例教学是一种通过分析和讨论实际教学案例来提高教师教学能力的方法。在音乐教学中，通过研究和分析成功或失败的教学案例，教师可以拓宽自己的教学思路，了解不同的教学方法和策略，并学会如何根据实际情况选择合适的教学方法。

例如，通过分析一个成功的音乐教学案例，教师可以学习到如何激发学生的学习兴趣、如何设计有效的教学活动、如何评估学生的学习效果等。这些经验和方法可以直接应用到自己的教学实践中，提高教学效果和质量。

2. 案例教学可以提供实际操作的参考

案例教学不仅提供了理论上的指导，还为教师提供了实际操作的参考。通过分析案例中的具体做法和效果，教师可以更加明确地了解如何在实际教学中运用新的教学方法和策略。

比如，在一个案例中，教师通过引入游戏元素来激发学生的音乐学习兴趣。通过分析这个案例的具体做法和效果，其他教师可以了解到如何选择合适的游戏、如何设计游戏规则、如何引导学生参与游戏等具体操作方法。这些参考信息可以帮助教师更好地实施类似的教学策略。

3. 案例教学可以实现教学方法的创新

研究和分析教学案例不仅可以提升教师的教学水平，还能激发教师创新教学方法的热情。通过了解其他教师的成功实践和创新尝试，教师可以受到启发和鼓励，从而更加积极地探索适合自己的教学方法和策略。

比如，在一个教学案例中，教师通过结合当地文化特色来开展音乐教学活动的方法。这个方法不仅提高了学生的学习兴趣和参与度，还促进了学生对本土文化的了解和认同。通过分析这个案例，其他教师可能会受到启发，尝试结合自己所在地区的文化特色来开展音乐教学活动，从而实现教学方法的创新和突破。

二、教学反思

（一）审视教学方法与手段

1. 教学方法的有效性审视

在每一次音乐教学结束后，教师都应深入反思所采用的教学方法是否达到了预期的教学效果。传统的教学方法，如讲授式教学，虽然能够系统地传授知识，但可能缺乏足够的互动和实践，导致学生难以深入理解和掌握知识。因此，教师需要审视这些方法是否能够真正激发学生的学习兴趣，并促进他们的全面发展。

通过对比案例中的成功做法，教师可以发现更加多样化和创新性的教学方法。例如，情境教学能够通过模拟真实的音乐场景，让学生在情境中学习和感受音乐，从而更深刻地理解音乐的内涵和情感。合作学习则鼓励学生之间的交流和合作，通过共同完成任务来培养他们的团队协作能力和创新思维。

2. 教学手段的更新与引入

随着科技的发展，教学手段也在不断更新。教师应积极关注并尝试引入新的教学手段，以提高教学效果。例如，多媒体技术可以呈现更丰富的音乐素材和实例，让学生更直观地感受音乐的魅力。同时，网络教学资源可以为学生提供更多的学习选择和自主学习的机会。

在反思过程中，教师还应考虑如何将新的教学手段与现有教学方法相结合，以发挥出最大的教学效果。例如，教师可以在传统讲授式教学中穿插多媒体展示，或者在合作学习中利用网络平台进行线上交流和讨论。

3. 不断尝试与调整

审视教学方法与手段并不意味着一成不变地沿用传统教学方法或盲目追求新颖的教学方式。教师需要在实践中不断尝试和调整，找到最适合自己和学生的教学方法和手段。这需要教师具备开放的心态和创新的精神，勇于尝试并乐于接受新的挑战。

（二）关注学生的学习体验

1. 重视学生的主体地位

在音乐教学中，学生应始终处于主体地位。教师需要密切关注学生在学习过程中的体验和感受，确保教学活动能够真正促进学生的发展。为了做到这一点，教师需要积极与学生互动，了解他们的学习需求和兴趣点，从而调整教学内容和方法，以满足学生的个性化需求。

同时，教师应鼓励学生主动参与课堂活动，发表自己的观点和看法。这不仅能够增强学生的自信心和表达能力，还能够让教师更深入地了解学生的内心世界和学习状态。

2. 及时收集学生反馈

为了更好地关注学生的学习体验，教师需要及时收集学生的反馈意见。这可以通过课堂互动、课后调查或定期的教学评价来实现。教师需要真诚地倾听学生的声音，了解他们对教学内容、方法和手段的看法和建议。

在收集到学生反馈后，教师应认真分析和总结，找出教学中存在的问题和不足。然后，根据学生的建议和需求进行相应的调整和改进。这样不仅能够提升教学效果，还能够让学生感受到教师的关心和尊重。

3. 营造积极的学习氛围

关注学生的学习体验还包括营造积极的学习氛围。教师需要努力创造一个开放、包容和富有创造力的课堂环境，让学生在其中能够自由发表意见、交流想法和展示才华。

为了营造这样的学习氛围，教师可以采用多种方法，如组织小组讨论、开展角色扮演活动或举办音乐创作比赛等。这些活动不仅能够激发学生的学习兴趣和热情，还能够培养他们的团队协作能力和创新思维。

（三）总结教学经验与教训

1. 成功经验的提炼与分享

在教学过程中，教师会积累许多成功的经验。这些经验可能是某种有效的教学方法、一次精彩的课堂活动或是一个富有创意的教学设计。教师需要将这些成功经验提炼出来，并进行总结和分享。

提炼成功经验的过程不仅能够帮助教师更深入地了解自己的教学特点和优势，还能够为其他教师提供有益的参考和借鉴。通过分享这些经验，教师可以与同行共同交流和学习，从而不断提升自己的教学水平。

2. 失败教训的反思与改进

除了成功经验外，教师在教学中也难免会遇到失败和挫折。面对这些失败教训，教师需要勇于承认并深入反思。通过分析失败的原因和过程，教师可以找出自己在教学中的不足和盲点，从而有针对性地进行改进。

同时，教师应将失败教训视为宝贵的财富。它们不仅能够帮助教师避免在未来的教学中犯同样的错误，还能够激发教师不断改进和创新的动力。通过不断反思和改进，教师可以逐渐完善自己的教学方法和手段，提高教学质量。

3. 教学经验的持续积累与运用

总结教学经验与教训是一个持续的过程。教师需要在每一次教学结束后都进行及时的反思和总结，将新的经验和教训纳入自己的教学体系中。这样，教师的教学经验就会不断丰富和完善，为未来的教学工作提供有力的支持。

同时，教师应学会如何运用这些经验来指导实践。通过将成功经验应用到新的教学情境中，教师可以更快地找到适合当前学生的教学方法和手段。而面对新的挑战和问题时，教师可以借鉴过去的失败教训来避免重蹈覆辙，从而确保教学的顺利进行。

三、未来展望

（一）音乐教学的多元化发展趋势

1. 跨学科融合的教学实践

在未来的音乐教学中，跨学科融合将成为一种重要趋势。音乐不仅仅是独立的艺术形式，其与历史、文化、数学等多个学科都有深厚的联系。跨学科融合的教学实践，可以帮助学生更全面地理解音乐的内涵和价值。

例如，在音乐与历史的结合中，教师可以通过讲述不同历史时期的音乐风格与特点，引导学生理解音乐与社会文化背景的关系。音乐与数学的结合，则可以让学生通过探究音乐中的节奏、旋律等元素，发现音乐中的数学规律，提升逻辑思维能力。

这种跨学科融合的教学方式，不仅能够丰富音乐教学内容，还能够激发学生的学习兴趣，培养他们的综合素养。

2. 强化实践性教学

实践性教学在音乐教育中将越来越受到重视。传统的音乐教学往往侧重于理论知识和技能的传授，而忽视了实践的重要性。未来，音乐教学将更加注重对学生实践操作能力的培养。

教师可以通过组织学生进行音乐创作、演奏、演唱等实践活动，让他们在实践中学习和感受音乐。此外，还可以开展校内外的音乐比赛、音乐节等活动，为学生提供展示自己才华的平台。实践性教学的强化，将有助于提高学生的音乐技能，培养他们的创新精神和团队合作能力。

3. 推广个性化学习

随着教育理念的不断更新，个性化学习将成为未来音乐教学的重要方向。每个学生都有自己独特的音乐兴趣和特长，个性化学习旨在根据学生的特点和需求，为他们量身定制合适的教学方案。

教师可以通过评估学生的音乐水平、兴趣和潜力，为他们制订个性化的学习计划。同时，教师可以利用现代技术手段，如智能教学系统、在线学习资源等，为学生提供更加灵活多样的学习方式。个性化学习的推广，将有助于满足学生的个性化需求，促进他们的全面发展。

（二）音乐教学改革的建议与期望

1. 提升教师的教育观念与专业素养

为了适应未来音乐教学的发展趋势，教师需要不断更新教育观念，提升专业素养。首先，教师应认识到音乐教学不仅是传授知识和技能，更重要的是培养学生的音乐素养和审美能力。因此，教师需要关注学生的学习体验，注重激发他们的学习兴趣和创造力。其次，教师应不断提升自己的专业素养。这包括深入了解音乐教育的最新理念和方法，掌握现代教学技术，以及不断提升自己的音乐技能和艺术修养。通过提升专业素养，教师可以更好地引导学生感受音乐的魅力，培养他们的音乐才能。

2. 学校与教育部门的支持与投入

学校和教育部门在音乐教学改革中扮演着重要角色。首先，学校应加大对音乐教学的支持力度，提供丰富的教学资源和优质的教学环境。这包括建设专业的音乐教室、购买先进的音乐器材和提供丰富的教学资料等。其次，教育部门应加强对音乐教师的培训和指导，提高他们的教学水平和专业素养。此外，还可以通过制定相关政策，鼓励和支持音乐教学的创新与实践，为音乐教学改革提供有力的政策保障。

第五章

初中音乐教学
评价研究

第一节 初中音乐教学评价的目的与原则

一、评价目的

（一）促进学生全面发展

1. 提升学生的音乐素养与审美能力

初中音乐教学评价的核心目的在于通过科学、系统的评价方式，全面提升学生的音乐素养和审美能力。音乐教学评价不仅关注学生的歌唱技巧、乐器演奏技能等硬性指标，还注重学生在音乐欣赏、音乐创作以及音乐文化理解等方面的能力。这样的评价方式旨在培养学生对音乐的浓厚兴趣和持久热情，使他们在享受音乐之美的同时，也能积极参与到音乐创作与表现中。

通过全面的音乐教学评价，学生能够更加清晰地认识到自己在音乐学习中的长处与短处，从而有针对性地进行自我提升。这种自我认知与自我提升的过程，不仅有助于学生在音乐领域取得更好的成绩，还能培养他们的自信心和自主学习能力。

2. 激发学生的潜能和兴趣

每个学生都有自己独特的音乐潜能和兴趣点，而音乐教学评价的目的之一就是发掘并激发学生的这些潜能和兴趣。多样化的评价方式，如音乐才艺展示、音乐创作比赛等，让学生有机会展示自己的音乐才华，从而激发他们的学习积极性和创造力。

同时，音乐教学评价关注学生的个体差异，鼓励学生在自己擅长的音乐领域进行深入探索和发展。这种个性化的评价方式有助于学生找到自己的音乐兴趣所在，并有助于培养他们的专长和特色，为未来的音乐发展奠定坚实基础。

3. 培养学生的情感、态度和价值观

音乐教学评价注重培养学生的情感、态度和价值观。在音乐学习过程中，学生不仅要掌握相关知识和技能，还要学会欣赏和理解不同风格、不同文化背景的音乐作品。评价学生对音乐作品的理解和感受可以引导他们形成开放、包容的音乐审美观念，尊重并欣赏多元音乐文化。

此外，音乐教学评价还关注学生的合作与沟通能力。在音乐学习和表演过程中，学生需要与他人紧密合作，共同完成音乐作品。评价学生的团队协作能力和沟通技巧可以培养他们的集体意识和团队精神，为未来的社会交往和职业发展打下坚实的基础。

（二）指导教学实践

1. 反馈教学效果，调整教学策略

音乐教学评价是对教师教学实践的直接反馈。通过定期的教学评价，教师可以及时了解学生的学习情况和问题所在，从而有针对性地调整教学策略和方法。例如，如果发现学生在某个音乐技能上普遍存在困难，教师可以适当增加相关教学内容的训练强度，或者采用更直观、更有趣的教学方式来帮助学生掌握该技能。

同时，音乐教学评价可以帮助教师发现自己的教学盲点。有些教师可能过于注重音乐技能的传授而忽视了学生的情感体验和审美培养。通过教学评价中反映出来的问题，教师可以及时反思自己的教学方法和理

念，努力实现音乐教学的全面发展。

2. 因材施教，关注学生个体差异

每个学生都有自己独特的音乐天赋和学习需求，因此音乐教学评价需要关注每个学生的个体差异。通过对学生的学习情况进行评价和分析，教师可以更好地了解学生的优势和不足，为每个学生提供个性化的教学方案。

例如，对于音乐天赋较高的学生，教师可以适当增加教学难度和挑战性，引导他们进行深入的音乐学习和创作；对于音乐基础较差的学生，教师则需要给予更多的指导和帮助，帮助他们打好基础并逐步提高音乐水平。这种因材施教的教学方式可以最大限度地发挥每个学生的潜能和才华。

3. 提高教学质量和效率

通过音乐教学评价，教师可以及时了解学生的学习情况和反馈意见，从而有针对性地改进自己的教学方法和手段。这种持续的教学改进过程可以显著提高教学质量和效率，让学生在更短的时间内掌握更多的音乐知识和技能。

同时，音乐教学评价可以帮助教师优化教学内容和进度安排。根据学生的实际情况和学习需求，教师可以适当调整教学计划和内容难度，确保每个学生都能在适合自己的学习节奏中取得进步。

（三）推动教育改革

1. 为教育改革提供数据支持

音乐教学评价作为教育系统中的重要环节，可以为教育改革提供宝贵的数据支持。通过对学生的音乐学习成果进行全面、客观的评价，教育部门和学校可以更加准确地了解当前音乐教育的实际效果和问题所在。这些数据不仅可以反映学生的学习情况，还能揭示教师在教学过程中的优势和挑战。

基于这些评价数据，教育部门和学校可以有针对性地制定教育改革措施和政策，以提高学生的音乐素养和审美能力。例如，如果发现学生在音乐欣赏和创作方面存在明显不足，教育部门和学校在制定教育政策时可以更加注重这两方面的内容。

2. 推动音乐教育创新与发展

音乐教学评价不仅是对学生学习成果的检验，更是对音乐教育理念和方法的反思与创新。通过深入分析和研究音乐教学评价结果，教育者和研究者可以发现现有音乐教育体系中的问题和不足，从而推动音乐教育的创新与发展。

例如，音乐教学评价可能揭示出传统音乐教学方法在某些方面效果不佳，这就可以促使教育者探索更加有效和有趣的教学方法。同时，音乐教学评价可以为音乐教育技术的研发和应用提供方向指引，推动音乐教育与时俱进。

3. 提升音乐教育整体质量

音乐教学评价作为提升音乐教育整体质量的重要手段，可以通过对评价结果的分析和比较，发现不同地区、不同学校以及不同教师之间的教学差异和优势。这种横向比较有助于教育部门和学校找到自身在音乐教育方面的短板和长处，从而制定更加科学合理的教育政策和发展规划。

同时，音乐教学评价可以促进音乐教育资源的优化配置。根据评价结果反映出来的学生需求和教师能力情况，教育部门和学校可以更加合理地分配音乐教育资源，如教材编写、教师培训以及音乐设施建设等。这将有助于提升整个音乐教育系统的效率和质量，为学生提供更加优质的音乐教育环境。

二、评价原则

（一）教学评价应具有客观性

1. 客观性原则的重要性

客观性是音乐教学评价的核心原则，它确保了评价的公正性和准确性。在音乐教学评价中，遵循客观性原则意味着评价者必须摒弃个人偏见和主观臆断，以事实为依据，对学生的音乐学习成果和教师的教学效果进行真实、公正的评判。这一原则对于维护教育公平、激发学生和教师的积极性具有重要意义。

2. 实施客观性评价的方法

为了确保音乐教学评价的客观性，评价者需要制定明确的评价标准，并采用科学、合理的评价方法。评价标准应具体、可操作，能够全面反映学生的学习成果和教师的教学效果。同时，评价过程中应严格遵循标准，避免受到个人情感、喜好等因素的影响。

此外，音乐教学评价还可以采用多种评价方式相结合的方法，如笔试、口试、实践操作等，以更全面地了解学生的音乐素养和能力。在评价过程中，还可以邀请多位评价者共同参与，以减少个人主观因素对评价结果的影响。

3. 客观性评价的保障措施

为了确保音乐教学评价的客观性，评价者需要建立完善的评价制度和监督机制。评价制度应明确评价的标准、程序和要求，确保评价过程的规范性和公正性。监督机制则应对评价过程进行全程跟踪和监控，及时发现并纠正评价中的偏差和不公现象。

同时，应加强对评价者的培训和教育，提高他们的专业素养和评价能力。只有评价者具备了足够的专业知识和评价技能，才能更准确地把握评价标准，确保评价的客观性。

（二）教学评价应具有全面性

1. 全面性原则的内涵

全面性原则要求音乐教学评价应覆盖音乐知识、技能、情感态度等多个方面。这意味着在评价过程中，不仅要关注学生的音乐理论知识和实践技能掌握情况，还要考查学生的音乐审美能力、创新能力以及学习态度等。对学生的全面评价，可以更准确地了解学生的综合素质和发展潜力，为他们的全面发展提供有力支持。

2. 实施全面性评价的策略

为了实现全面性评价，教师需要设计多元化的评价任务和方法。例如，可以通过笔试来检验学生的音乐理论知识掌握情况；通过演唱、演奏等实践操作来考查学生的音乐技能水平；通过观察学生在音乐学习过程中的表现来了解他们的学习态度和创新能力。

同时，教师可以鼓励学生参与音乐创作和表演活动，通过实际成果来展示他们的音乐才华和审美能力。这种多元化的评价方式有助于更全面地了解学生的音乐素养和能力发展水平。

3. 全面性评价的意义

全面性评价不仅有助于发现学生的优点和不足，还能激发他们的学习动力和创造力。通过了解自己的长处和短处，学生可以更加明确自己的学习目标和发展方向。同时，全面性评价能帮助教师调整教学方法和策略，以满足不同学生的需求和发展特点。这对于提高音乐教学质量、促进学生全面发展具有重要意义。

（三）教学评价应具有发展性

1. 发展性原则的核心理念

发展性原则是音乐教学评价中的重要原则之一，它强调的是评价应着眼于学生的学习进步和成长过程，而非仅仅关注静态的学习成果。这一原则要求评价者以动态、发展的眼光看待学生，充分认识到学生在学习过程中的成长和变化，从而为他们提供更有针对性的指导和支持。

2. 发展性评价的实施方式

在音乐教学评价中贯彻发展性原则，需要评价者关注学生的个体差异和学习过程，采用多样化的评价方法，如观察、记录、作品展示、自我评价等，全面、深入地了解学生的音乐学习情况和成长轨迹。同时，评价者应及时给予学生反馈，帮助他们认识自己的学习成果和存在的问题，引导他们制订合理的学习目标，激发他们的学习动力。

此外，发展性评价还强调评价结果的运用。评价者应根据评价结果，为学生提供个性化的学习建议和指导，帮助他们更好地发展自己的音乐才能和兴趣。同时，教师应根据评价结果调整教学策略和方法，以满足不同学生的学习需求和发展特点。

3. 发展性评价的意义

实施发展性评价有助于促进学生的全面发展。通过关注学生的学习过程和成长历程，评价者可以更加深入地了解学生的需求和潜力，为他们提供更加精准、个性化的教育支持。同时，发展性评价能激发学生的学习兴趣和动力，培养他们的自主学习能力和创新精神，为他们的未来发展奠定坚实基础。

（四）教学评价方式应多元化

1. 多元化原则的重要性

多元化原则在音乐教学评价中占据着举足轻重的地位。由于学生个体的差异性，单一的评价方式往往无法全面、准确地反映每个学生的音乐素养和能力。因此，采用多元化的评价方式能够更好地满足学生的个性化需求，提高评价的针对性和有效性。

2. 多元化评价的具体实施

在实施多元化评价时，教师应根据学生的实际情况和音乐教学的内容，灵活运用多种评价方法。除了传统的笔试、口试等评价方式外，还可以引入作品展示、音乐表演、小组讨论、自我评价等多样化的评价方式。这些评价方式能够从不同角度展示学生的音乐才能和潜力，使评价结果更加全面、客观。

同时，教师在设计评价任务时，应充分考虑学生的兴趣和特长，允许他们选择适合自己的表现方式。这样不仅能够激发学生的学习兴趣和积极性，还能够培养他们的自主性和创造性。

3. 多元化评价的价值

多元化评价能够帮助学生更全面地认识自己的音乐素养和能力，发现自己的优点和不足。通过参与多样化的评价活动，学生可以更加明确自己的学习目标和发展方向，提高学习的针对性和效率。同时，多元化评价能够培养学生的自信心和团队协作能力，为他们的全面发展奠定坚实基础。

（五）教学评价应具有反馈性

1. 反馈性原则的意义

反馈性原则在音乐教学评价中具有重要意义。通过及时、具体、有建设性的反馈，学生和教师可以清晰地了解学习和教学过程中的优点与不足，从而有针对性地进行改进。这种反馈机制有助于激发学生的学习动力，提升教师的教学效果，实现教学相长。

2. 反馈性原则的实施方法

在音乐教学评价中，实施反馈性原则需要关注以下几个方面：首先，反馈要及时，确保学生和教师能够在第一时间了解评价结果，以便及时调整学习策略或教学方法；其次，反馈要具体，明确指出学习和教

学过程中的优点与不足，避免笼统、模糊的评价；最后，反馈要具有建
设性，针对存在的问题提出切实可行的改进建议，帮助学生和教师不断
进步。

3. 反馈性原则的实践效果

通过贯彻反馈性原则，音乐教学评价能够更好地发挥其诊断、导向
和激励功能。学生可以根据反馈结果调整学习策略，提高学习效率；教
师可以根据反馈结果优化教学方法，提升教学质量。同时，这种反馈机
制有助于增强师生之间的互动与沟通，营造良好的教学氛围，促进学生
的全面发展。

第二节　初中音乐教学评价的内容与方法

一、评价内容

（一）音乐知识与技能

音乐知识与技能是初中音乐教学评价的基础内容。它涵盖了乐理知识、视唱练耳以及演奏与演唱技巧等多个方面。乐理知识是理解音乐结构、和声、节奏等要素的基石，对于培养学生的音乐素养至关重要。视唱练耳则着重训练学生的音乐听觉和音乐记忆力，帮助他们更好地感知和理解音乐。而演奏与演唱技巧的培养，则是为了让学生能够通过实践，亲身体验音乐的魅力，提升自己的音乐表达能力。

在评价学生的音乐知识与技能时，教师通常会设定明确的评价标准，并通过考试、测验或实际操作等方式来进行考核。这样不仅可以客观地评估学生的学习成果，还能为他们提供有针对性的反馈和指导，帮助他们更好地掌握音乐知识与技能。

（二）音乐表现与创造力

音乐表现与创造力是评价学生音乐素养的重要方面。音乐表现主要指学生在演奏、演唱等音乐实践活动中所展现出来的技艺和情感表达能力。这要求学生不仅能够准确地演绎音乐作品，还能够通过音乐传达自己的情感和思想。

创造力则是评价学生音乐创新能力的重要指标。在音乐学习中，学生应该被鼓励去尝试创作自己的音乐作品，无论是作曲、编曲还是歌词创作，都是对学生音乐创造力的锻炼和检验。通过评价学生的音乐表现与创造力，教师可以了解学生在音乐实践和创新方面的能力水平，并据此提供更有针对性的教学指导。

（三）音乐审美与鉴赏

音乐审美与鉴赏是初中音乐教学评价中不可或缺的一部分。它主要考查学生对音乐作品的审美能力、文化理解以及批判性思维。在音乐学习中，学生需要学会欣赏不同风格、不同流派的音乐作品，理解其中的音乐元素、结构以及所蕴含的文化内涵。

同时，学生应该具备对音乐作品进行批判性思考的能力，能够分析作品的优缺点，提出自己的见解和感受。通过评价学生的音乐审美与鉴赏能力，教师可以帮助学生提升音乐文化素养，培养他们的艺术鉴赏力和批判性思维。

（四）音乐学习态度与情感

音乐学习态度与情感是评价学生音乐学习过程和效果的重要因素。它主要关注学生在音乐学习中的态度、兴趣以及情感投入。积极的学习态度和深厚的情感投入，能够激发学生的学习动力，使他们在音乐学习中更加专注和投入。

在评价过程中，教师可以通过观察学生在课堂上的表现、了解学生参与音乐活动的积极性以及完成音乐作业的情况等方式，来评估学生的学习态度和情感投入。同时，教师可以通过与学生进行沟通交流，了解他们对音乐学习的看法和感受，从而更好地指导他们的学习。

二、评价方法

（一）量化评价

1. 量化评价的定义

量化评价，顾名思义，是通过具体的数值或分数来对学生的表现进行衡量和评价。在音乐教学评价中，它主要用于对音乐知识与技能等可以量化的方面进行评估。这种评价方式以客观、可比较的数据为基础，能够直观、明确地反映学生的学习成果，便于教师和学生了解学习的具体情况。

2. 量化评价在音乐教学中的应用

在音乐教学评价中，量化评价的应用主要体现在对学生的乐理知识、演奏或演唱技能等进行考试或测验。例如，通过乐理考试，教师可以检验学生对音符、节奏、和声等音乐基础知识的掌握程度；通过演奏或演唱测试，教师可以评估学生的音准、节奏感和表现力等技能水平。这些考试或测验通常都有明确的评分标准，能够确保评价的客观性和公正性。

3. 量化评价的优势与局限

量化评价的优势在于其客观性和可比性。由于采用统一的评分标准，不同学生的成绩可以进行直接比较，有助于教师发现学生的优势和不足。然而，量化评价也存在一定的局限性。首先，它难以全面评价学生的音乐素养和创造力等难以量化的方面；其次，过度依赖量化评价可能会导致学生过于追求分数而忽视对音乐本身的感悟和理解。

4. 合理运用量化评价

为了充分发挥量化评价在音乐教学中的作用，教师需要结合音乐学科的特点和学生的实际情况来制订合适的考试或测验内容。同时，教师应关注学生的个体差异，避免一刀切的评价方式。此外，教师还可以将量化评价与质性评价相结合，以获得更全面、准确的评价结果。

（二）质性评价

1. 质性评价的定义

质性评价是相对于量化评价而言的，它更注重对学生学习过程的描述和分析，而不是简单地给出一个分数。在音乐教学评价中，质性评价能够更深入地了解学生的音乐学习情况和需求，有助于发现学生的潜力和特长。

2. 质性评价在音乐教学中的实施方式

教师可以通过多种方式来进行质性评价，如观察学生在课堂上的表现、分析学生的音乐作品以及与学生进行访谈等。这些方式能够帮助教师更全面地了解学生的音乐学习情况，为他们提供个性化的教学指导。例如，通过观察学生在课堂上的参与度、表现力等情况，教师可以了解学生的学习态度和兴趣；通过分析学生的音乐作品，教师可以评估学生的创造力和技术水平；通过与学生进行访谈，教师可以了解学生的音乐学习需求和困惑。

3. 质性评价的优势与挑战

质性评价的优势在于其能够提供更丰富、更深入的学生学习信息，有助于教师发现学生的潜力和特长。然而，质性评价也面临着一些挑战，如评价标准的主观性、评价过程的复杂性等。为了克服这些挑战，教师需要具备较高的专业素养和评价能力，同时需要花费更多的时间和精力来进行评价。

4. 提升质性评价的效果

为了提升质性评价的效果，教师可以采取以下措施：首先，明确评价目标和标准，确保评价的针对性和有效性；其次，加强与学生的沟通和互动，了解学生的真实想法和需求；最后，注重评价结果的反馈和应用，及时调整教学策略和方法。

（三）自我评价与同伴评价

1. 自我评价与同伴评价的概念

自我评价是指学生对自己的学习过程、方法和效果进行反思和评价的过程。通过自我评价，学生可以更清晰地认识自己的学习状况和需求，从而调整学习策略和方法。同伴评价是指学生之间相互进行评价的过程。通过同伴评价，学生可以学会欣赏他人的优点并给予建设性的反馈，同时有助于提升自己的团队协作能力。

2. 在音乐教学中实施自我评价与同伴评价的方法

在音乐教学中实施自我评价时，教师可以引导学生制订明确的学习目标并定期对照目标进行反思和总结。同时，教师可以提供必要的指导和支持，帮助学生更好地进行自我评价。在音乐教学中实施同伴评价时，教师可以组织学生以小组形式进行互相评价，并提供具体的评价标准和指导语，以确保评价的客观性和有效性。

3. 自我评价与同伴评价的优势及挑战

自我评价与同伴评价的优势在于它们能够促进学生进行自我反思和团队协作，有助于提升学生的自主学习能力和团队协作能力。然而这两种评价方式也面临着一些挑战，如学生可能缺乏客观评价自己的能力，或受到同伴关系的影响而做出不客观的评价等。

4. 优化自我评价与同伴评价的实施效果

为了优化自我评价与同伴评价的实施效果，教师可以采取以下措施：首先，明确评价目标和标准并提供必要的指导和支持；其次，鼓励学生积极参与评价过程并培养他们的客观评价能力；最后，注重评价结果的反馈和应用，及时调整教学策略和方法，以促进学生更好地发展。

（四）档案袋评价

1. 档案袋评价的概念

档案袋评价是一种综合性、持续性的评价方式，通过收集学生在学习过程中的各种作品、测试成绩等资料，全面展示学生的学习轨迹和进步情况。在音乐教学评价中，档案袋评价能够真实、全面地反映学生的音乐学习过程和成果，有助于教师更深入地了解学生的音乐素养和发展需求。

2. 档案袋评价在音乐教学中的实施步骤

实施档案袋评价时，教师首先需要为每个学生建立一个音乐学习档案袋，用于收集学生的学习资料。随后，教师应定期指导学生整理档案袋中的资料，包括音乐作品、学习记录、反思总结等。在此过程中，教师需要关注学生的个体差异，鼓励他们展示自己的独特性和创造性。最后，教师通过对档案袋中的资料进行分析和评价，为学生提供有针对性的反馈和指导。

3. 档案袋评价的优点与局限性

档案袋评价的优点在于其全面性和持续性，能够真实反映学生的学习过程和成果。此外，它还能激发学生的学习动力和创造力，培养他们的自主学习和反思能力。然而，档案袋评价也存在一定的局限性，如实施过程较为烦琐，需要教师投入大量的时间和精力进行资料的收集和整理。同时，评价标准的主观性可能影响评价的公正性和客观性。

4. 完善档案袋评价在音乐教学中的应用

为了完善档案袋评价在音乐教学中的应用，教师可以采取以下措施：首先，明确档案袋评价的目标和标准，确保评价的有效性和针对性；其次，加强与学生的沟通和互动，引导他们积极参与档案袋的建立和整理过程；最后，注重评价结果的反馈和应用，及时调整教学策略和方法，以满足学生的学习需求。同时，教师可以通过培训和研讨等方式提高自己的评价能力，确保档案袋评价的准确性和有效性。

第三节 初中音乐教学评价的实施与改进

一、评价实施

（一）明确评价目标与标准

1. 确定音乐教学评价的核心目标

初中音乐教学评价的首要任务是确立清晰明确的评价目标。这些目标应与音乐教学大纲和课程标准紧密相连，旨在确保评价内容真实、准确地反映学生的音乐学习成效。评价目标不仅关注学生的音乐知识和技能掌握情况，还包括他们在音乐学习中的情感态度、实践能力和创新思维等多个方面。通过设定明确的评价目标，教师能够更有针对性地开展评价活动，从而更全面地了解学生的音乐学习状况。

2. 制订全面科学的评价标准

在制订音乐教学评价标准时，必须充分考虑音乐学科的特点和学生的学习需求。评价标准应涵盖音乐知识、技能、情感态度等多个维度，以确保评价的全面性和科学性。具体来说，对乐理知识的掌握程度、演奏或演唱技能的熟练度、音乐创作与鉴赏能力以及学习态度和情感投入等，都应成为评价标准的重要组成部分。

为了制订更具操作性的评价标准，教师可以结合课程大纲和学生实际情况，细化各项评价指标。例如，可以将乐理知识的掌握程度划分为不同的层次，如基础理解、应用分析和综合创新等，以便更准确地评估学生的乐理水平。对于演奏或演唱技能，也可以从技巧运用、音乐表达和情感传递等方面制订具体的评价标准。

3. 确保评价标准的可操作性

在制订音乐教学评价标准时，除了考虑其全面性和科学性外，还需确保标准的可操作性。这意味着评价标准应具备明确性、可量化性和一致性，便于教师在实际评价过程中进行具体操作。为此，教师可以采用量化评分、等级评定与描述性评价等多种方式，使评价标准更加直观、易用。同时，教师应定期对评价标准进行修订和完善，以适应音乐教学的变化和学生发展的需求。

（二）设计评价方案

1. 评价方案的评价标准

在设计音乐教学评价方案时，教师应紧密结合评价目标和标准，选择合适的评价内容与方法。评价方案应涵盖学生音乐学习的各个方面，如知识与技能掌握、学习态度、实践能力等。同时，评价方案需考虑学生的个体差异，采用多样化的评价方式，以确保评价的客观性和准确性。

例如，可以采用课堂观察法来评估学生的课堂参与度和学习态度；通过作品展示来检验学生的音乐实践能力和创新思维；利用考试测验来考查学生对音乐知识和技能的掌握情况。通过多种评价方式的综合运用，教师可以更全面地了解学生的学习状况，为后续教学提供有针对性的指导。

2. 考虑评价活动的具体细节

在设计音乐教学评价方案时，教师还需充分考虑评价活动的具体细节。这包括评价的时间安排、人员分工以及数据收集与分析等方面。

合理的时间安排能确保评价活动不干扰正常的教学进度，同时为学生提供充足的准备时间。此外，明确的人员分工则能确保评价活动的顺利进行，并提高评价效率。

（三）实施评价活动

1. 严格按照评价方案进行评价

在实施音乐教学评价活动时，教师必须严格按照预先设计的评价方案进行。这包括遵循评价的时间安排、执行人员分工以及确保评价内容的全面性和客观性。通过严格按照方案实施评价，教师可以保证评价过程的公正性和高效性，从而提高评价的准确性和可信度。

2. 保持公正态度并关注学生反馈

在实施评价的过程中，教师应始终保持公正的态度，避免个人主观偏见对评价结果产生影响。同时，教师应密切关注学生的反馈意见，及时调整评价策略以满足学生的学习需求和期望。通过关注学生的反馈，教师可以不断完善评价方案和方法，提高音乐教学评价的质量和效果。

（四）收集与分析数据

1. 系统收集学生学习成果数据

在音乐教学评价过程中，教师需要系统地收集学生的学习成果数据。这些数据可以包括考试成绩、作品评分、课堂表现记录等多种形式。为了确保数据的准确性和完整性，教师应采用标准化的数据收集工具和方法，并定期对数据进行整理和归档。

通过收集全面的学习成果数据，教师可以更客观地评估学生的学习效果，为后续的教学改进提供有力支持。同时，这些数据可以作为学生音乐学习成长的重要记录，帮助学生更好地认识自己的学习进步和不足之处。

2. 运用统计方法分析数据并调整教学策略

在收集到学习成果数据后，教师需要运用适当的统计方法对数据进行分析。这可以帮助教师揭示学生的学习特点、存在的问题以及取得的进步情况。数据分析结果不仅可以用于评估学生的学习成果，还可以为教师调整教学策略和方法提供科学依据。

例如，通过对考试成绩的分析，教师可以发现学生在音乐知识和技能掌握方面的薄弱环节，并针对性地加强相关教学内容。通过对作品评分的分析，教师可以了解学生的实践能力和创新思维水平，从而引导学生进行深入的音乐创作和探索。

二、评价改进

（一）反馈与调整

1. 及时反馈评价结果的重要性

在音乐教学评价中，及时反馈评价结果是至关重要的。这不仅能帮助学生了解自己的学习情况，还能为教师提供调整教学策略的依据。通过反馈，学生可以清晰地认识到自己在音乐学习中的优点和不足，从而明确下一步的改进方向。同时，教师能根据学生的反馈情况，对教学方法和内容进行适时的调整，以更好地满足学生的学习需求。

为了实现及时反馈，教师需要确保评价结果的准确性和公正性，并在第一时间将结果传达给学生。这可以通过课堂公布、个别谈话、网络平台发布等方式进行。无论采用何种方式，关键是要确保每个学生都能及时、准确地了解自己的评价结果。

2. 沟通艺术与建设性反馈

在反馈评价结果时，教师需要注重沟通的艺术。有效的沟通不仅能让学生更容易接受评价结果，还能激发他们的学习动力和自信心。为此，教师应以积极、建设性的方式给出评价意见，避免使用过于严厉或负面的措辞。

建设性反馈的关键在于具体、明确地指出学生在音乐学习中的优点和不足，并提出切实可行的改进建议。例如，对于演唱技巧欠佳的学生，教师可以先肯定他们在音乐理解和表达上的优点，然后指出演唱技巧上的不足，并给出具体的练习方法和改进建议。

3. 关注个体差异与个性化反馈

每个学生都有自己独特的音乐天赋和学习需求，因此教师在反馈评价结果时应关注学生的个体差异。个性化反馈要求教师针对每个学生的实际情况给出具体的评价和建议，以帮助他们更好地发展音乐素养和能力。

为了实现个性化反馈，教师需要深入了解每个学生的音乐学习情况、兴趣爱好和学习风格。在此基础上，教师可以为每个学生制订个性化的学习计划，提供有针对性的学习资源和指导。这样不仅能提高学生的学习效果，还能让他们在音乐学习中找到更多的乐趣和成就感。

（二）反思与总结

1. 回顾整个评价过程

对评价过程进行反思和总结，需要教师全面回顾整个评价过程。这包括评价目标的设定、评价方案的设计、评价活动的实施以及数据收集与分析等各个环节。通过回顾，教师可以清晰地了解到评价过程中的每一个环节是否达到了预期的效果，是否存在问题和不足。

在回顾过程中，教师应尽量保持客观和全面的态度，不仅要关注成功的经验，更要勇于面对和承认存在的问题。只有这样，教师才能更准确地找到评价过程中的优点和不足，为后续的评价工作提供有益的参考。

2. 分析优点与不足

在反思和总结过程中，教师需要深入分析评价过程中的优点和不足。对于优点，教师应总结经验并继续发扬；对于不足，教师应找出原因并提出改进措施。

在分析优点时，教师可以关注评价方案的合理性、评价活动的有效性以及数据收集与分析的准确性等方面。同时，教师应思考如何在未来的评价中进一步发挥这些优点，提高评价的质量和效率。

在分析不足时，教师需要深入剖析问题的根源，明确是方案设计的问题、实施过程中的失误，还是数据处理的不足。针对这些问题，教师应提出具体的改进措施，并在下一次评价中进行实践验证。

3. 总结经验教训并改进

通过反思和总结，教师可以提炼出宝贵的经验教训。这些经验教训不仅能帮助教师改进当前的评价工作，还能为未来的音乐教学提供有益的指导。

在总结经验教训时，教师应关注评价过程中的关键环节和常见问题。例如，如何设定合理的评价目标、如何设计科学的评价方案、如何有效地实施评价活动以及如何准确地收集与分析数据等。通过总结这些经验教训，教师可以更加明确自己在音乐教学评价中的职责和任务，提高评价的针对性和实效性。

教师需要将反思和总结的成果应用到实际的音乐教学评价中。通过不断地实践和改进，教师可以逐步完善自己的评价方法和策略，提高音乐教学评价的质量和水平。同时，教师应积极与同行交流和分享经验，共同推动音乐教学评价工作的发展与进步。

第四节　初中音乐教学评价对教师
专业发展的影响

一、促进教师更新教学理念

（一）教学评价引领教师接触新的教学理念

1. 教学评价是教学理念的试金石

初中音乐教学评价，其实质是对教学活动的总结与反思。在这一过程中，教师不仅需要审视学生的学习成果，更要对自己的教学理念进行深入的剖析。教学评价为教师提供了一个接触、理解和应用新教育理念的契机。当教师参照新的音乐教育理念和标准进行评价时，他们必然会面临对传统教学理念的挑战，从而激发对新理念的探索欲望。

例如，现代音乐教育越来越强调学生的主体性和创造性。因此，在进行教学评价时，教师就需要思考如何在评价中体现这些新的教育理念，这无疑会促使他们去主动了解和掌握这些新理念。

2. 新的教学理念在音乐教学评价中的体现

随着音乐教育的不断发展，新的教育理念，如创新教育、主体性教育等，逐渐融入音乐教学中。在教学评价环节，教师需要依据这些新理念来制订评价标准和方法。例如，在评价学生的音乐创造力时，教师不仅要关注学生的演唱或演奏技巧，更要关注学生在音乐创作中的创新思维和表现力。这就要求教师必须深入理解和应用创新教育理念，从而更加全面地评价学生的音乐素养。

此外，新的教学理念在音乐教学评价中的体现还包括对学生主体性的尊重。在评价过程中，教师应鼓励学生主动参与评价活动，并发表自己的见解和感受，这既有助于培养学生的批判性思维，又能让教师更加了解学生的真实想法和需求，从而调整自己的教学理念和方法。

3. 教师对新的教学理念的主动学习与实践

面对新的音乐教育理念，教师不能被动等待，而应主动出击，积极学习和实践这些新理念。教师可以通过参加教育培训、阅读相关书籍和文章、与同行交流等方式来了解新教学理念的具体内容和实施方法。同时，教师应在自己的教学实践中尝试运用新的教学理念，通过不断摸索和调整，找到最适合自己和学生的教学方法。

（二）评价反馈推动教学理念升级

1. 评价反馈的启示作用

教学评价的结果不仅是对学生学习情况的反映，更是对教师教学理念实施效果的检验。当评价结果不如预期时，教师应从中吸取教训，深入分析问题的根源。很多时候，问题的根源就在于教学理念的落后或不合适。因此，评价反馈实际上为教师提供了一个反思和更新教学理念的机会。

例如，如果评价结果显示学生在音乐创造力方面表现不佳，那么教师就需要反思自己的教学理念是否过于注重技能训练而忽视了对学生创新思维的培养。通过这样的反思，教师能够及时发现并纠正自己教学理念中的偏差。

2. 教学理念升级的必要性

随着时代的进步和教育的发展，传统的教学理念已经难以满足现代音乐教育的需求。因此，教师需要不断地升级自己的教学理念以适应新的教育环境。评价反馈作为教师教学理念实施效果的直接反映，能够为教师提供宝贵的改进意见和方向。

通过评价反馈推动教学理念升级是教师专业发展的重要途径之一。只有不断地更新和升级教学理念，教师才能紧跟时代步伐，为学生提供更加优质的音乐教育服务。

3. 积极应对评价反馈的策略

面对评价反馈，教师应采取积极的应对策略。首先，教师需要正视评价反馈中暴露出的问题和不足，勇于承认并改正自己的错误；其次，教师应深入分析问题的根源所在，从教学理念层面进行反思和改进；最后，教师还应将新的教学理念付诸实践，通过反复尝试和调整来优化教学效果。

（三）新的教学理念可以提升教学效果

1. 新的教学理念带来的教学变革

新的音乐教育理念强调学生的主体性、创造性和实践性等核心素养的培养。这些新理念的应用不仅改变了传统音乐教学的模式和方法，而且使得音乐教学变得更加生动有趣且富有创意。在这样的教学理念指导下，学生能够更加积极地参与到音乐学习中来，从而提高学习效果和质量。

例如，在主体性教育理念的指导下，教师可以鼓励学生自主选择音乐作品进行学习和表演，这样既能激发学生的学习兴趣和热情，又能培养他们的自主学习能力和批判性思维。同时，在创新教育理念的引领下，教师还可以组织学生开展音乐创作活动，让他们在实践中锻炼创新思维和团队协作能力。

2. 教学效果的显著提升

新的教学理念的应用无疑会显著提升音乐教学的效果。首先，新的教学理念使得音乐教学更加贴近学生的实际需求和兴趣点，从而提高了他们的学习积极性和参与度。其次，新的教学理念强调的实践性和创造性学习有助于培养学生的综合素质和能力，使他们在音乐学习中获得更多的成就感和自信心。最后，新的教学理念还促进了教师与学生之间的互动与合作，营造了更加和谐融洽的学习氛围。

二、提升教师教学能力

（一）教学评价促使教师反思教学实践

1. 教学评价是反思的触发器

教学评价不仅是对学生学习效果的考量，更是教师审视自己教学实践的重要机会。每一次评价结果的出炉，都像是为教师打开了一面镜子，让他们能够从学生的表现中反观自己的教学效果。这种反观实际上是一种深度的反思，它促使教师去分析自己在教学过程中的每一个环节，从而洞察到教学方法与手段的有效性。

2. 从评价中洞察教学问题

教学评价的结果往往能够真实地反映出教师在教学中的问题。这些问题可能隐藏在教学内容的选择、教学方法的运用、课堂管理的策略等各个方面。通过深入剖析评价结果，教师可以更为精确地定位到自己在教学中存在的问题，进而为后续的改进提供明确的方向。

同时，这种反思不仅是对过去教学的总结，更是对未来教学的规划。教师在反思中可以预设可能遇到的问题，并提前制订应对策略，从而在未来的教学中避免类似问题的再次出现。

3. 反思为提升教学能力奠定基础

反思不仅是对过去的回顾，更是一种积极的思维活动，旨在为未来教学提供指导。当教师通过评价反思自己的教学实践时，他们实际上在为自己的教学能力提升奠定基础。

（二）针对问题提升教学能力

1. 精准定位教学问题

通过教学评价和反思，教师能够精准地发现自己在教学中存在的问题。这些问题可能涉及教学内容的深度与广度、教学方法的灵活性与有效性，以及与学生互动的方式等。精准定位问题是提升教学能力的前提，可以确保教师的努力改进能够有的放矢。

2. 制订针对性的提升计划

一旦明确了教学中存在的问题，教师就需要制订针对性的提升计划。例如，如果教师在音乐鉴赏方面的教学能力不足，他们可以通过参加专业培训、阅读相关书籍、观摩其他优秀教师的教学等方式来提升自己的音乐鉴赏教学能力。

同时，教师可以根据自己的实际情况，制订个性化的提升策略。比如，有的教师可能更适合通过实践操作来提升教学能力，而有的教师则可能更倾向于通过理论学习来丰富自己的教学知识体系。

3. 与教学实践相结合并持续改进

教学能力的提升是一个持续的过程，它需要教师在实际的教学实践中不断地尝试、反思和改进。只有将新的教学方法和理念真正融入课堂教学中，教师才能检验其有效性，并根据学生的反馈进行必要的调整。

这种持续改进的精神是提升教学能力的关键。它要求教师不仅要有勇于尝试新事物的勇气，更要有从失败中汲取教训、不断完善自己的毅力。

（三）教学能力提高带来教学质量的提升

1. 教学能力与教学质量的关系

教师的教学能力直接影响着教学质量。一个具备高超教学能力的教师，能够根据学生的实际情况和需求，灵活地调整教学内容和方法，从而确保每一位学生都能在音乐学习中获得成长和进步。这种个性化的教学方式，无疑会大大提升教学质量。

2. 激发学生的学习兴趣与积极性

随着教师教学能力的提升，他们更有可能在教学中采用多样化的教学手段和生动有趣的教学内容来吸引学生的注意力。当学生对音乐学习产生浓厚的兴趣时，他们的学习积极性和参与度自然会得到提升。这种积极的学习氛围不仅有利于学生的全面发展，也会进一步提高教学质量。

3. 深入理解音乐内涵与价值

优秀的音乐教师不仅能够教授学生音乐技能，更能引导他们深入理解音乐的内涵和价值。通过丰富的教学内容和深入浅出的讲解方式，教师可以帮助学生建立起对音乐的热爱和对艺术美的追求。这种深层次的音乐教育，不仅能够提升学生的音乐素养，也会让他们的人生因为音乐而变得更加丰富多彩。

三、激发教师的专业发展动力

在教育领域，教师的专业发展是推动教育质量提升的关键因素。对于音乐教师而言，其专业发展动力不仅关乎个人职业生涯的成长，更直接影响到学生音乐素养的培养和全面发展。因此，如何有效激发音乐教师的专业发展动力，成为当前教育改革与发展的重要议题。

（一）正面评价增强教师职业认同感

1. 构建多元化评价体系

要增强教师的职业认同感，首先需要构建一个多元化、全面的评价体系。这一体系不仅应关注学生的学业成绩，更应重视教师在教学设计、课堂互动、学生评价等方面的表现。通过多元评价，教师能够从多个维度获得对自己教学工作的反馈，从而更全面地认识自己的教学优势和待改进之处。

2. 强化正面反馈机制

在评价体系中，应特别强化正面反馈机制。当教师在某方面表现出色时，应及时给予肯定和表扬。这种正面的反馈能够让教师感受到自己的努力和付出得到了认可，从而增强他们的职业自信心和认同感。例如，可以定期举行教学评优活动，对表现突出的教师给予荣誉和奖励。

3. 鼓励教师参与评价过程

为了让教师更深入地了解自己的教学情况，应鼓励他们积极参与评价过程。这包括自我评价、同行评价及学生评价等。教师通过参与评价过程，能够更客观地看待自己的教学工作，同时能够从他人的反馈中汲取有益的建议和经验。

（二）成就感激发教师发展动力

1. 设定明确的教学目标

要激发教师的成就感，首先需要帮助他们设定明确可达成的教学目标。这些目标既应包括短期的课堂教学目标，也应包括长期的专业发展目标。明确的目标能够为教师提供清晰的方向和动力，使他们在实现目标的过程中不断获得成就感。

2. 展示学生的进步与成果

学生的进步和成果是教师工作最直接、最具体的体现。因此，应定期展示学生的音乐学习成果，如举办音乐会、音乐比赛等。当学生展现出显著的进步或在比赛中获得佳绩时，教师会从中感受到强烈的成就感，这种成就感会进一步激发他们的专业发展动力。

3. 提供专业发展机会

学校和教育部门应为教师提供丰富的专业发展机会，如参加培训、研讨会、学术交流等。通过这些活动，教师能够不断提升自己的专业素养和教学能力，从而在专业成长的过程中不断获得成就感。

（三）热情与动力推动持续进步

1. 营造积极的工作氛围

积极的工作氛围能够极大地激发教师的热情和动力。学校应努力营造一个鼓励创新、尊重个性、注重团队合作的工作氛围，使教师在这样的环境中能够自由地发挥自己的才能和创造力。

2. 鼓励教师进行教学创新

教学创新是教师专业发展的重要组成部分。学校应鼓励教师尝试新的教学方法和手段，如运用现代科技手段进行音乐教学、设计富有创意的音乐活动等。通过教学创新，教师能够不断激发自己的教学热情，同时能够推动学生在音乐学习上的持续进步。

3. 建立教师成长档案

为了激励教师持续进步，可以建立教师成长档案，记录他们在专业发展过程中的重要经历、成就和反思。通过回顾自己的成长历程，教师能够更加清晰地看到自己的进步和变化，从而进一步激发他们的热情和动力，并追求更高的专业发展目标。

4. 提供持续的职业发展支持

教师的专业发展是一个长期的过程，需要持续地支持和关注。学校和教育部门应为教师提供持续的职业发展支持，如定期的职业发展规划指导、教学技能培训、心理辅导等。这些支持能够帮助教师更好地应对职业发展中的挑战和困难，保持持久的热情和动力。

四、促进教师专业成长

教师的专业成长是教育事业发展的核心动力。在音乐教育领域，教师的专业素养和教学能力直接关系到学生音乐素养的全面发展。因此，探索促进教师专业成长的路径与策略，对于提升音乐教育质量、推动音乐教育事业的进步具有重要意义。

（一）教学评价指明专业发展方向

1. 教学评价的双重意义

教学评价不仅是对学生学习成果的检验，更是对教师教学工作的全面反馈。它像一面镜子，反映出教师在音乐教学过程中的优点与不足，为教师提供了宝贵的自我认知机会。通过教学评价，教师可以清晰地了解到自己的教学风格、教学方法以及与学生互动的方式等方面的特点，从而更加准确地把握自己的专业发展现状。

2. 明确专业发展目标

基于教学评价的反馈，教师可以明确自己的专业发展目标。这些目标既可以是短期的，如改进某一教学环节、提高某种教学技能，也可以是长期的，如形成独特的教学风格、成为音乐教育领域的专家。明确的目标为教师的专业成长提供了清晰的方向，使他们在成长的道路上更加坚定和自信。

3. 调整教学策略与方法

教学评价还能帮助教师发现自己在教学策略和方法上的不足。针对这些不足，教师可以及时调整教学策略，尝试新的教学方法，以更好地适应学生的学习需求和音乐教育的发展趋势。这种灵活性和适应性是教师专业成长的重要标志。

（二）制订个人成长计划

1. 分析现状，确定需求

制订个人成长计划的第一步是分析自己的专业发展现状，确定成长需求。教师可以根据自己的教学经验、学生反馈以及教学评价的结果，识别自己在专业素养、教学能力、教育理念等方面的短板，从而明确成长的方向和重点。

2. 设定具体目标与步骤

明确了成长需求后，教师可以设定具体的成长目标，并规划实现这些目标的步骤和时间表。这些目标可以是学习新的音乐理论、掌握新的教学技术、提升课堂管理能力等。通过设定具体目标和步骤，教师可以有条不紊地推进自己的专业成长计划。

3. 持续反思与调整

个人成长计划的执行过程是一个持续反思和调整的过程。教师应定期回顾自己的成长进展，评估目标的实现情况，并根据实际情况对计划进行必要的调整。这种灵活性和自我反思能力是教师专业成长的重要保障。

（三）实现专业成长与发展

1. 提升专业素养与教学能力

在教学评价的引导和推动下，教师可以通过不断的学习和实践，逐步提升自己的专业素养和教学能力。他们不仅掌握了更多的音乐知识和技能，还学会了如何更有效地将这些知识和技能传授给学生。这种提升使教师在音乐教育领域更加自信和从容。

2. 丰富教育理念与教学方法

教师的专业成长不仅体现在知识和技能的提升上，还体现在丰富教育理念和教学方法上。通过不断的学习和实践，教师逐渐形成了自己独特的教育理念和教学方法，能够更加灵活地应对各种教学场景和挑战。

3. 对学生与音乐教育事业的积极影响

教师的专业成长与发展对学生和音乐教育事业都产生了积极的影响。对于学生而言，他们能够从更加专业、更有经验的教师那里获得更高质量的音乐教育；对于音乐教育事业而言，教师的专业成长推动了整个行业的进步和发展。

4. 职业生涯的拓展与机遇

教师的专业成长还为他们的职业生涯带来了更多的机遇和挑战。随着教师专业素养和教学能力的提升，他们有机会参与更多的学术交流、教学研讨等活动，进一步拓宽自己的视野和知识面。同时，他们有机会获得更高的职称、更好的工作机会以及更高的社会认可度。

第六章

初中音乐教师的专业
素养与培训

第一节　初中音乐教师应具备的专业素养

在初中阶段，音乐教育不仅关乎学生艺术素养的培养，还对其全面发展具有深远影响。因此，初中音乐教师需具备一系列专业素养，以确保更高的教学质量，引领学生走进音乐的殿堂。

一、音乐专业知识与技能：基石与灵魂

在初中音乐教育中，教师的音乐专业知识与技能不仅是教学的基石，更是引领学生探索音乐世界的灵魂。

（一）深厚的音乐理论基础：构建知识的殿堂

1. 音乐理论的全面性与深入性

音乐理论是音乐学习的基石，它如同建筑中的钢筋水泥，为音乐这座大厦提供坚实的支撑。对于初中音乐教师而言，具备扎实的音乐理论基础是至关重要的。这意味着不仅要掌握和声、曲式、音乐史、音乐美学等基础知识，还要将这些知识融会贯通，形成完整的音乐知识体系。在教学过程中，教师应能够深入浅出地讲解音乐知识，将复杂的理论以易于理解的方式传授给学生，帮助他们构建起自己的音乐知识殿堂。

2. 与时俱进的教学内容更新

音乐理论并非一成不变，它随着时代的发展而不断演进。因此，初中音乐教师不仅需要掌握传统的音乐理论知识，还需要关注音乐理论的最新研究成果，不断将新的知识和观点融入教学内容中。如此一来，学生不仅能够学到经典的音乐知识，还能接触到最前沿的音乐理论，从而培养他们的创新思维和探索精神。

3. 理论与实践的紧密结合

音乐理论并非孤立存在，它需要与实践紧密结合才能发挥出最大的价值。初中音乐教师在教授理论知识的同时，应注重将理论与实践相结合，通过具体的音乐作品和实例来阐释理论的应用。这样的教学方式不仅能够使学生更加深入地理解理论知识，还能培养他们的实践能力和音乐创作能力。

（二）精湛的演奏和演唱技巧：示范与激发的力量

1. 示范作用的重要性

音乐是一门实践性很强的艺术，教师的演奏或演唱技巧对学生具有直接的示范作用。无论是钢琴、小提琴等乐器演奏，还是声乐演唱，教师都应具备精湛的技艺。在课堂上进行生动的示范，不仅能够展示音乐的魅力，还能激发学生的学习兴趣和模仿欲望。通过教师的示范，学生可以直观地感受到音乐的韵律、节奏和情感表达，从而更好地掌握演奏或演唱的技巧。

2. 技巧与方法的传授

除了进行示范外，初中音乐教师还应注重技巧和方法的传授。教师应能够清晰地讲解演奏或演唱的技巧要点，指导学生掌握正确的姿势、呼吸、发音等方法。同时，教师应根据学生的个体差异和学习能力，制订个性化的教学计划，帮助每个学生充分发挥自己的潜能。

3. 鼓励与指导并重

在音乐教学中，鼓励和指导是不可或缺的两个方面。教师应鼓励学生尝试演奏或演唱，给予他们充分的展示机会。同时，教师应对学生的表现进行及时的反馈和指导，帮助他们纠正错误、提高水平。通过鼓励与指导并重的教学方式，学生可以更加自信地面对音乐挑战，不断提升自己的演奏或演唱能力。

（三）广泛的音乐作品鉴赏能力：拓宽视野与提高审美

1. 培养鉴赏能力的意义

音乐作品鉴赏是音乐教育的重要组成部分，它有助于学生拓宽音乐视野、提高音乐审美能力。通过鉴赏不同风格、不同时期的音乐作品，学生可以更加深入地理解音乐的多样性和丰富性，培养对音乐的热爱和敬畏之情。因此，初中音乐教师应具备广泛的音乐作品鉴赏能力，能够引导学生欣赏各种类型的音乐作品。

2. 鉴赏活动的组织与实施

为了有效地培养学生的音乐作品鉴赏能力，初中音乐教师应注重鉴赏活动的组织与实施。教师可以根据教学内容和学生的兴趣爱好，选择具有代表性的音乐作品进行鉴赏。在鉴赏过程中，教师应引导学生关注音乐作品的旋律、节奏、和声等要素，分析它们的艺术特点和文化背景。同时，教师可以鼓励学生表达自己的感受和见解，培养他们的独立思考能力和审美判断能力。

3. 鉴赏与创作的结合

音乐作品鉴赏不仅是对已有作品的欣赏和理解，还可以激发学生的创作灵感。初中音乐教师在引导学生进行音乐作品鉴赏时，应注重将鉴赏与创作相结合。教师可以鼓励学生模仿优秀的音乐作品进行创作，或者根据自己的感受和想象创作出新的音乐作品。通过这样的教学方式，学生可以更加深入地理解音乐的本质和魅力，培养自己的音乐创作能力。

二、教育教学能力：方法与艺术的结合

教育教学能力是教师的核心素质，它要求教师不仅要掌握专业知识，还要具备先进的教学理念、灵活多样的教学手段以及有效的课堂管理与组织能力。对于初中音乐教师而言，教育教学能力更是方法与艺术的完美结合，既需要科学的指导，又需要艺术的熏陶。

（一）先进的教学理念与方法：引领教学的航标

1. 树立先进的教学理念

教学理念是教学的指导思想，它如同航海中的灯塔，为教学指明方向。初中音乐教师应树立先进的教学理念，注重学生的主体性发展，强调音乐教育的审美功能和情感教育功能。这意味着在音乐教学中，教师应以学生为中心，关注他们的需求和兴趣，激发他们的学习动力和创造力。同时，教师应注重培养学生的审美情趣和情感表达能力，使他们在音乐的世界中找到共鸣和释放。

2. 采用多样化的教学方法

教学方法是实现教学理念的具体手段。初中音乐教师应采用多样化的教学方法，以适应不同学生的学习需求和特点。例如，情境教学可以通过创设具体的音乐场景，使学生身临其境感受音乐的魅力和情感；合作学习可以鼓励学生之间的相互交流和合作，培养他们的团队协作精神和沟通能力；探究式学习则可以引导学生主动探索音乐知识，培养他们的创新思维和解决问题的能力。

3. 不断创新与反思

教学理念和方法并非一成不变，它们需要随着时代的发展和教育改

革的深入而不断创新和完善。初中音乐教师应保持敏锐的教育洞察力，关注音乐教育领域的最新动态和研究成果，不断将新的教学理念和方法融入自己的教学中。同时，教师应注重教学反思，对自己的教学实践进行深入的剖析和总结，以发现不足、改进方法、提高教学效果。

（二）灵活多样的教学手段：丰富教学的色彩

1. 利用多媒体技术增强感性认识

多媒体技术是现代教学中不可或缺的重要工具。初中音乐教师应充分利用多媒体技术的优势，如展示音乐作品的背景和图像、播放音乐视频等，以增强学生的感性认识。通过多媒体技术的辅助，学生可以更加直观地了解音乐作品的创作背景、风格特点和文化内涵，从而更加深入地理解音乐、感受音乐。

2. 组织音乐实践活动，培养团队协作能力

音乐实践活动是音乐教学的重要组成部分。初中音乐教师应积极组织学生进行各种音乐实践活动，如合唱、乐器合奏、音乐剧表演等。这些实践活动可以使学生亲身体验音乐的魅力和表现力，培养他们的团队协作能力和实践能力。同时，实践活动能激发学生的学习兴趣和积极性，使他们在实践中不断成长和进步。

3. 整合教学资源，拓展学习空间

教学资源是音乐教学的重要支撑。初中音乐教师应善于整合各种教学资源，如教材、乐谱、音像资料、网络资源等，以拓展学生的学习空间。教师可以引导学生利用课余时间进行自主学习和探究，鼓励他们通过网络资源了解更多的音乐知识和文化。同时，教师可以与其他学科教师进行跨学科合作，将音乐与其他学科知识进行有机融合，以丰富教学内容和形式。

（三）有效的课堂管理与组织能力：保障教学的基石

1. 营造良好的学习氛围

课堂氛围对学生的学习效果有着重要的影响。初中音乐教师应善于管理课堂秩序，营造良好的学习氛围。教师应注重与学生的沟通和交流，了解他们的需求和困惑，给予及时的帮助和指导。同时，教师应注重培养学生的自律意识和责任感，使他们能够自觉遵守课堂纪律、积极参与学习活动。

2. 组织大型音乐活动

大型音乐活动是展示学生音乐才华和团队协作能力的重要平台。初中音乐教师应具备组织大型音乐活动的能力，如学校音乐会、艺术节等。通过这些活动，学生可以展示自己的音乐成果和才华，增强自信心和表现力。同时，这些活动能激发学生的集体荣誉感和团队精神，促进他们之间的相互了解和合作。

3. 不断提升自身的组织与管理能力

课堂管理与组织能力并非一蹴而就，它需要教师在实践中不断摸索和提升。初中音乐教师应注重自身的专业发展和学习，不断提升自己的组织与管理能力。教师可以参加相关的培训和学习活动，了解最新的教育理念和管理方法，还可以向有经验的教师请教和学习，借鉴他们的成功经验和做法。通过不断的学习和实践，教师可以更加有效地管理课堂、组织学生活动、提高教学效果。

三、人文素养与审美能力：内涵与外延

人文素养与审美能力是音乐教师的两大核心素养，它们不仅关乎教师自身的专业发展，更直接影响到学生的音乐学习和审美成长。对于初中音乐教师而言，深厚的人文素养和敏锐的审美能力是其教学工作的基石，也是引领学生探索音乐之美、培养高雅审美情趣的关键。

（一）深厚的文化底蕴与人文素养：音乐教学的灵魂

1. 音乐与文化的紧密联系

音乐是文化的产物，它蕴含着丰富的文化内涵和历史积淀。初中音乐教师作为音乐文化的传播者，必须具备深厚的文化底蕴和人文素养。这意味着教师不仅要精通音乐专业知识，还要广泛涉猎文学、历史、哲学等相关领域，以便更深入地理解和解读音乐作品中的文化元素。

2. 挖掘音乐作品中的文化元素

在初中音乐教学中，教师应注重挖掘音乐作品中的文化元素，将其与音乐教学相结合。例如，在讲解古典音乐作品时，教师可以介绍作品所处的时代背景、作曲家的生平经历以及作品所蕴含的文化意义，使学生在学习音乐的同时，也能感受到文化的魅力和深度。

3. 拓宽学生的文化视野

初中音乐教师应努力拓宽学生的文化视野。教师可以引导学生欣赏不同国家和民族的音乐作品，了解它们的音乐风格、表现手法和审美观念。在学习过程中，学生不仅能在音乐的海洋中畅游，还能在文化的天空中翱翔，从而形成更加全面和丰富的文化素养。

（二）敏锐的音乐审美感知能力：捕捉音乐之美的钥匙

1. 音乐审美感知能力的重要性

音乐审美感知能力是音乐教师的核心素养之一，它关乎教师能否准确捕捉音乐作品中的美感和情感表达。对于初中音乐教师而言，具备敏锐的音乐审美感知能力至关重要，因为这将直接影响到他们对学生音乐审美能力的培养和引导。

2. 引导学生学会聆听音乐

在课堂上，初中音乐教师应注重引导学生学会聆听音乐。教师可以通过播放优秀的音乐作品，引导学生关注音乐的旋律、节奏、和声等要素，感受音乐所传递的情感和意境。同时，教师应鼓励学生表达自己的聆听感受，培养他们的音乐感知力和审美判断力。

3. 培养学生的独立音乐审美观念

在长期的训练和实践中，初中音乐教师还应努力培养学生的独立音乐审美观念。教师可以引导学生对不同的音乐作品进行比较和评价，让他们学会从多个角度审视音乐的美。在这个过程中，学生将逐渐形成自己独特的音乐审美标准，从而在未来的音乐学习和生活中更加自信和从容。

（三）引导学生形成良好审美观的能力：塑造美的使者

1. 审美观的重要性与培养目标

审美观是人们对美的认识和评价标准，它影响着人们的审美选择和行为。在初中音乐教学中，教师应注重培养学生的审美观，帮助他们树立正确的审美观念。这意味着教师不仅要传授音乐知识，还要引导学生学会欣赏和创造美，使他们在生活中追求和体现美。

2. 注重培养学生的审美情趣和审美能力

为了引导学生形成良好的审美观，初中音乐教师应注重培养他们的审美情趣和审美能力。教师可以通过组织丰富多彩的音乐活动，如音乐会、音乐剧表演等，让学生在实践中感受音乐的魅力和表现力。同时，教师应注重培养学生的艺术鉴赏能力，使他们能够更加深入地理解和评价音乐作品。

3. 树立正确的审美导向和价值观

在初中音乐教学中，教师应树立正确的审美导向和价值观。教师应引导学生关注音乐作品的内在价值和美学意义，而不是仅仅追求表面的华丽和炫技。同时，教师应鼓励学生发挥自己的想象力和创造力，创作出具有个性和独特美感的音乐作品。

四、师德师风与职业精神：灵魂与支柱

对于初中音乐教师而言，师德师风与职业精神不仅是其职业生涯的灵魂与支柱，更是其教育实践的基石与导向。

（一）高尚的职业道德与师德修养：教师的灵魂与形象

1. 师德的核心价值与意义

师德，作为教师的灵魂，它涵盖了教师的职业操守、道德品质，以及对学生及对教育事业的深厚情感。对于初中音乐教师而言，高尚的师德修养是其职业生涯的基石，它不仅关乎教师的个人形象，更直接影响到学生的成长和教育质量。因此，初中音乐教师应将师德修养视为自我提升的重要方面，不断锤炼自己的道德品质，以身作则，为学生树立良好的榜样。

2. 以身作则，树立良好榜样

在初中音乐教学中，教师的言行举止都会对学生产生深远的影响。因此，教师应注重自身的师德修养，保持谦逊、宽容、敬业的态度，用自己的实际行动去影响和感染学生。例如，教师应尊重每一个学生，关注他们的个体差异和需求，用爱心和耐心去引导他们成长。同时，教师应注重自己的仪表仪态，以整洁、得体的形象出现在学生面前，展现出音乐教师的独特魅力和风采。

3. 赢得学生的尊重和信任

高尚的职业道德和师德修养是初中音乐教师赢得学生尊重和信任的关键。教师应通过自己的专业素养和教学能力去征服学生，让他们感受到音乐的魅力和价值。同时，教师应注重与学生的沟通和交流，了解他们的想法和需求，为他们提供有针对性的指导和帮助，从而在学生心中

树立起崇高的形象，成为他们成长道路上的引路人。

（二）热爱音乐教育事业的热情与执着：事业的基石与动力

1. 热爱是事业成功的基石

热爱是事业成功的基石。对于初中音乐教师而言，对音乐教育事业的热爱和执着是其不断前进的动力源泉。教师应将音乐教育视为自己生命的一部分，用心去感受音乐的魅力，用爱去传递音乐的温暖。只有这样，教师才能在教学中充满激情和活力，引发学生对音乐的热爱和追求。

2. 关注音乐教育的发展动态

热爱音乐教育事业的初中音乐教师应时刻关注音乐教育的发展动态，不断更新自己的教学理念和方法。教师应积极参加各种音乐教育研讨会和学术交流活动，了解最新的音乐教育研究成果和教学方法，以便更好地指导自己的教学实践。同时，教师应注重将理论与实践相结合，不断创新教学方法和手段，提高教学质量。

3. 为音乐教育事业的进步贡献力量

初中音乐教师应积极参与音乐教育研究和学术交流活动，为音乐教育事业的进步贡献自己的力量。教师可以通过撰写学术论文、参与课题研究等方式，将自己的教学经验和研究成果进行分享和交流。同时，教师应注重与同行的合作与交流，共同探讨音乐教育的发展趋势和未来走向，为音乐教育事业的繁荣和发展贡献自己的智慧和力量。

（三）终身学习的意识与行动：教师的成长与发展

1. 终身学习的职业要求

终身学习是教师的职业要求之一，也是初中音乐教师不断成长的必由之路。教师应将终身学习视为自我提升的重要途径，不断充实自己的专业知识和教学技能。只有这样，教师才能适应音乐教育的发展需求，为学生的成长和发展提供更好的支持。

2. 关注音乐教育领域的最新研究成果

初中音乐教师应关注音乐教育领域的最新研究成果和教学方法，以便及时了解音乐教育的发展趋势和前沿动态。教师可以通过阅读学术期刊、参加学术会议等方式，获取最新的音乐教育研究成果和教学方法。同时，教师应注重将这些研究成果和教学方法应用到自己的教学实践中，以提高教学质量和效果。

3. 积极参加培训和进修课程

为了不断提高自己的专业素养和教学能力，初中音乐教师应积极参加各种培训和进修课程。这些课程可以帮助教师更新教学理念、掌握先进的教学方法和技术、提高教学设计和实施能力。通过不断学习和实践，教师可以更好地适应音乐教育的发展需求，为学生的成长和发展提供更加优质的教育服务。同时，教师应注重将所学知识与教学实践相结合，不断创新教学方法和手段，形成自己独特的教学风格和特色。只有这样，教师才能在音乐教育领域中脱颖而出，成为学生心中的佼佼者。

第二节　初中音乐教师培训体系的构建

初中音乐教师培训体系的构建是一个系统工程，它旨在提升音乐教师的专业素养，促进音乐教育事业的持续发展。

一、培训需求分析：精准定位，明确目标

对于初中音乐教师的培训而言，精准的定位和明确的目标是确保培训效果的关键。

（一）调研音乐教师的实际需求与问题：确保培训的针对性和实用性

在进行初中音乐教师培训之前，深入调研教师的实际需求与问题是至关重要的。这一步骤的目的是确保培训内容能够真正满足教师的需求，解决他们在教学中遇到的实际问题，从而提升他们的专业素养和教学能力。

1. 广泛收集教师的意见和建议

为了全面了解初中音乐教师的实际需求，需要通过多种形式进行调研，包括问卷调查、座谈会、个别访谈等。这些方式可以帮助我们收集到教师对于培训内容的期望、在教学中遇到的困难、对专业知识的需求以及对教学方法的更新需求等方面的信息。在收集意见和建议的过程中，应确保调研的广泛性和代表性，以便更全面地了解教师的需求。

2. 分析并归纳教师的实际需求与问题

在收集到教师的意见和建议后，需要对这些信息进行整理和分析。通过归纳和总结，可以将教师的实际需求与问题分为音乐专业知识与技能的提升、教育教学理论与方法的更新、人文素养与审美能力的培养、师德师风与职业精神的塑造等几个方面。这些方面的需求将为确定培训目标和内容提供重要的依据。

3. 确保培训内容的针对性和实用性

对教师实际需求与问题的分析可以确保培训内容的针对性和实用性。针对性意味着培训内容应紧密围绕教师的实际需求，解决他们在教学中遇到的具体问题。实用性则要求培训内容能够直接应用于教学实践，帮助教师提升教学效果和学生的音乐素养。只有确保培训内容的针对性和实用性，才可以最大限度地提高培训的效果和价值。

（二）确定培训目标与内容：全面提升教师的专业素养和教学能力

在深入了解初中音乐教师的实际需求与问题后，可以根据调研结果确定培训的目标和内容。这一步骤的目的是确保培训能够有针对性地解决教师的问题，满足他们的需求，并全面提升他们的专业素养和教学能力。

1. 明确具体的培训目标

培训目标应具体、可操作，并考虑教师的个人发展和音乐教育事业的整体需求。培训目标可以分为几个层次：首先是提升教师的音乐专业知识与技能，使他们能够更好地掌握音乐教学的核心内容；其次是更新教师的教育教学理论与方法，使他们能够运用先进的教学理念和方法进行教学；再次是培养教师的人文素养与审美能力，使他们能够在教学中传递美的价值和文化的内涵；最后是塑造教师的师德师风与职业精神，使他们能够成为学生心中的楷模和引路人。

2. 制订全面的培训内容

基于明确的培训目标，可以制订全面的培训内容。培训内容应涵盖音乐专业知识与技能、教育教学理论与方法、人文素养与审美能力、师德师风与职业精神等多个方面。在音乐专业知识与技能方面，包括音乐理论、乐器演奏、声乐技巧等内容的培训；在教育教学理论与方法方面，涉及教学设计、课堂管理、学生评估等方面的培训；在人文素养与审美能力方面，要注重培养教师的文化底蕴、审美情趣和艺术鉴赏能力；在师德师风与职业精神方面，要强调教师的职业道德、职业操守以及对音乐教育事业的热爱和执着。

3. 确保培训内容的系统性和连贯性

在制订培训内容时，我们还需要确保其内容的系统性和连贯性。系统性意味着培训内容应按照一定的逻辑顺序进行组织，使教师能够逐步深入地学习和掌握相关知识和技能。连贯性则要求培训内容之间应有紧密的联系和衔接，避免重复和遗漏，确保教师能够得到全面的提升。培训内容的系统性和连贯性可以帮助教师更好地理解和应用所学知识，提升他们的专业素养和教学能力。

二、培训方案设计：科学规划，整合资源

针对初中音乐教师的培训，科学合理且资源丰富的培训方案是至关重要的。

（一）设计科学合理的培训方案：确保方向正确和收益最大化

设计科学合理的培训方案是确保培训效果的第一步。这一步骤要求我们遵循科学性、系统性、实用性的原则，制定出既符合音乐教育规律，又能够满足教师实际需求的培训方案。

1. 明确培训的目标和预期成果

在设计培训方案时，首先要明确培训的目标和预期成果。这意味着我们要清晰地界定教师应该在哪些方面得到提升，以及这些提升应该达到什么样的标准。明确的目标和预期成果可以帮助我们确保培训方案的正确方向，使所有的培训活动都围绕着这些目标和成果展开。

2. 合理安排培训的时间和进度

培训的时间和进度是培训方案中的重要组成部分。要根据教师的实际情况和培训内容的需求，合理安排培训的时间和进度。这包括确定培训的总时长、每个阶段的学习时间，以及各个阶段之间的衔接和过渡。合理安排时间和进度可以确保教师能够在有限的时间内获得最大的收益。

3. 注重方案的灵活性和可调整性

在实际的培训过程中可能会遇到各种预料之外的情况和问题。因此，在设计培训方案时，要注重方案的灵活性和可调整性。这意味着我们要预留出一定的空间和时间来应对可能出现的变化和问题，以便根据实际情况进行适时调整。注重方案的灵活性和可调整性可以确保培训方案能够适应不同的环境和需求，从而达到更好的培训效果。

（二）整合优质培训资源：确保培训质量，提升教师水平

整合优质培训资源是培训方案实施的关键步骤。这一步骤要求我们邀请音乐教育领域的专家学者，选用权威、前沿的教材，引入先进的音乐教育技术等，以确保教师能够接受高质量、高水平的培训。

1. 邀请音乐教育领域的专家学者

专家学者是培训中的重要资源。他们拥有丰富的音乐教育经验和深厚的学术底蕴，能够为教师提供宝贵的指导和建议。因此，我们要积极邀请音乐教育领域的专家学者作为培训讲师，让他们与教师面对面交

流，分享他们的经验和知识。

2. 选用权威、前沿的教材

教材是培训中的重要依据。要选用权威、前沿的教材作为培训资料，以确保教师能够接触到最新的音乐教育理念和教学方法。同时，要注重教材的实用性和针对性，确保教师能够将所学知识应用到实际教学中。

3. 引入先进的音乐教育技术

音乐教育技术是培训中的重要辅助手段。要积极引入先进的音乐教育技术，如音乐教育软件、音乐教学平台等，作为教师培训的一部分。这些技术可以帮助教师更好地理解和掌握音乐教育的核心内容和技能，提升他们的教学水平和效果。

（三）制订详细的培训计划与时间表：确保有序学习，按时完成任务

制订详细的培训计划与时间表是培训方案实施的重要保障。这一步骤要求我们明确每一阶段的学习目标、学习内容、学习方式以及考核标准等，以确保教师能够按照计划有序地进行学习，并在规定的时间内完成学习任务。

1. 明确每一阶段的学习目标和内容

要将培训过程划分为不同的阶段，并明确每个阶段的学习目标和内容。这可以帮助教师清晰地了解他们在每个阶段需要学习和掌握什么知识和技能，从而更好地规划自己的学习路径。

2. 确定合适的学习方式和考核标准

不同的教师可能有不同的学习方式和偏好。因此，要提供多种学习方式供教师选择，如线上学习、线下研讨、实践操作等，还要确定合适的考核标准来评估教师的学习成果。这可以帮助教师了解自己的学习状况和不足之处，并及时进行调整和改进。

3. 合理安排每一天的学习时间和进度

要根据教师的实际情况和培训内容的需求，合理安排每一天的学习时间和进度。这包括确定每天的学习任务、学习时间，以及学习任务的完成标准和要求。合理安排时间和进度可以确保教师能够在规定的时间内有序地进行学习，并按时完成任务。

三、培训模式与方法：创新模式，注重实效

在初中音乐教师的培训中，创新模式与注重实效是提升培训质量的关键。

（一）线上与线下相结合的培训模式：打破地域限制，实现资源共享

随着信息技术的迅猛发展，线上培训已成为一种日益重要的培训方式。在初中音乐教师的培训中，应充分利用线上资源，打破地域限制，实现资源共享，同时要注重线下培训的实效性。

1. 线上培训的优势与实施方式

线上培训具有跨越地域、灵活便捷的优势，可以通过远程教学平台，为教师提供丰富的音乐教育资源和课程。在线研讨活动可以让教师在不受地域限制的情况下，进行实时的交流和分享。此外，还可以利用线上平台进行作业提交、在线测试等，以便及时了解教师的学习情况和问题。

在实施线上培训时，需要确保网络平台的稳定性和易用性，为教师提供必要的技术支持和指导。同时，要关注教师的线上学习体验，通过优化课程设计、增强互动性等方式，提高他们的学习积极性，增强学习效果。

2. 线下培训的必要性与实施策略

尽管线上培训具有诸多优势，但线下培训仍然是不可或缺的。线下

培训可以让教师亲身体验和实践所学知识，通过集中授课、现场观摩等方式，深入理解和掌握音乐教育理念和教学方法。

在实施线下培训时需要注重实效性。首先，要确保培训内容的针对性和实用性，紧密围绕教师的实际需求和教学问题展开；其次，要采用多样化的教学方式，如案例分析、教学演练等，让教师在实践中学习和成长；最后，要注重培训环境的营造，为教师提供舒适的学习环境和便捷的学习条件。

3. 线上与线下培训的结合与互补

线上与线下培训各有优势，可以将二者相结合，实现互补。例如，可以在线上进行基础知识的传授和理论讲解，在线下进行实践操作和案例分析。这样的结合方式可以为教师提供更全面、更深入的培训体验。

（二）多种教学方法并用：满足不同教师的学习需求

在培训过程中，应采用多种教学方法并用，以满足不同教师的学习需求。理论讲授、实践操作、互动式教学等多种方式，可以帮助教师构建完整的知识体系，提升他们的教学能力和问题解决能力。

1. 理论讲授：基础知识传授的重要方式

理论讲授是传授基础知识的重要方式。系统讲解音乐教育理论和方法，可以帮助教师构建完整的知识体系。在理论讲授中，需要注重语言的清晰性和逻辑性，确保教师能够准确理解并掌握所学内容。

2. 实践操作：提升教师技能的关键环节

实践操作是提升教师技能的关键环节。组织教师进行实际教学演练和案例分析等活动，可以提高他们的教学能力和问题解决能力。在实践操作中，需要注重指导的针对性和反馈的及时性，帮助教师发现并改正自己的不足之处。

3. 互动式教学：增强教师的参与感和合作意识

互动式教学可以增强教师的参与感和合作意识，可以通过设置互动环节、小组讨论、角色扮演等活动形式，激发教师的学习兴趣和主动性。在互动式教学中，需要注重活动的多样性和趣味性，让教师在轻松愉快的氛围中学习和成长。

（三）强调互动与参与：增强培训效果，提高培训质量

在培训过程中，应注重互动与参与，鼓励教师积极发言、提问和分享经验。这样的方式可以有效地增强培训效果，提高培训质量。

1. 设置互动环节：激发教师的学习兴趣和主动性

在培训过程中，可以通过设置互动环节来激发教师的学习兴趣和主动性。例如，在培训过程中穿插问答环节、组织小组讨论等。这些互动环节可以让教师更加积极地参与到培训中来，提高他们的学习积极性，增强学习效果。

2. 鼓励教师提问和分享经验：共同解决问题和困惑

在培训过程中，应鼓励教师积极提问和分享经验。要及时了解教师的学习情况和问题，并给予他们及时的解答和指导。另外，鼓励教师分享经验，让教师之间互相学习和借鉴，共同解决问题和困惑。

3. 培训讲师的及时回应与深入交流：建立良好的师生关系

在培训过程中，应及时回应教师的疑问和反馈，让教师感受到自己的问题和困惑得到了关注和解决。同时，可以通过与教师的深入交流，了解他们的实际需求和问题，为今后的培训提供更好的指导和服务。

四、培训管理与支持：完善制度，强化保障

在初中音乐教师的培训工作中，完善的管理制度和强有力的支持体系是确保培训质量和效果的关键。

（一）建立完善的培训管理制度：确保培训工作的有序进行和高质量完成

为了确保初中音乐教师培训体系的顺利运行和持续发展，建立完善的培训管理制度是首要任务。这一制度应涵盖培训计划的制订、实施、评估等各个环节，确保培训工作的有序进行和高质量完成。

1. 制订详细的培训计划和管理规定

要根据初中音乐教师的实际需求和教学目标，制订详细的培训计划和管理规定。这些计划应明确培训的目标、内容、方式、时间等要素，确保培训工作的针对性和实效性。同时，管理规定应涵盖培训的组织、实施、考核等各个环节，确保培训工作的规范化和制度化。

2. 明确培训讲师的职责和要求

培训讲师是培训工作的核心力量，他们的素质和能力直接影响到培训的质量和效果。因此，需要明确培训讲师的职责和要求，包括他们的教学任务、教学方法、教学态度等。同时，要建立培训讲师的选拔、培养和考核机制，确保他们具备较高的专业素养和教学能力。

3. 建立严格的考核和评价机制

为了确保培训工作的质量和效果，需要建立严格的考核和评价机制。这些机制应包括对教师的考核和对培训讲师的评价两个方面。对教师的考核可以通过考试、作业、实践等方式进行，以了解他们的学习情况和掌握程度。对培训讲师的评价可以通过教学评估、学员反馈等方式进行，以了解他们的教学水平和教学效果。

（二）提供必要的培训设施与资源支持：为教师创造良好的学习环境

为了支持初中音乐教师的培训工作，提供必要的设施和资源支持是至关重要的。这些设施和资源可以为教师创造良好的学习环境，提高他们的学习积极性，增强学习效果。

1. 配备先进的音乐教学设备

音乐教学设备是音乐教师培训的重要工具，我们需要配备先进的音乐教学设备，如音响设备、乐器、音乐制作软件等。这些设备可以为教师提供丰富多样的学习资源和实践机会，有助于提高他们的音乐素养和教学能力。

2. 提供丰富的音乐教材和教学资料

音乐教材和教学资料是教师学习的重要依托，包括音乐理论书籍、教学案例、优秀音乐作品等。这些教材和资料可以帮助教师系统学习音乐教育理论和教学方法，提高他们的专业素养和教学能力。

3. 建设舒适的学习环境

学习环境对于教师的学习效果和积极性有着重要影响，要建设舒适的学习环境，如宽敞明亮的教室、安静整洁的学习区域、便捷的学习设施等。这样的环境可以让教师更加专注于学习，提高他们的学习效率和积极性。

4. 利用网络平台和远程教育技术提供在线学习资源和交流平台

随着信息技术的不断发展，网络平台和远程教育技术为教师提供了丰富的在线学习资源和交流平台。这些平台可以为教师提供丰富多样的学习资源和互动机会，方便他们随时随地进行学习和交流，同时，打破了地域限制，实现了资源共享和互动交流。

（三）加强培训过程中的监督与指导：确保培训工作的顺利进行和预期目标的实现

在培训过程中，加强监督与指导是确保培训工作顺利进行和实现预期目标的关键环节。我们需要通过一系列措施来加强对这一过程的管理和支持。

1. 定期对培训进度和质量进行检查和评估

我们需要定期对培训的进度和质量进行检查和评估，以确保培训工作按照计划有序进行，并达到预期的质量标准。这可以通过定期的教学检查、学员反馈、教学评估等方式来实现。

2. 及时发现和解决问题

在培训过程中，可能会出现各种问题和挑战，我们需要及时发现并解决这些问题，以确保培训工作的顺利进行。这可以通过建立问题反馈机制、定期召开教学研讨会等方式来实现。

3. 对教师的学习情况进行跟踪和反馈

我们需要对教师的学习情况进行跟踪和反馈，以了解他们的学习进度和掌握情况，并为他们提供个性化的指导和帮助，如定期的学习评估、作业批改、个别辅导等。

4. 建立导师制度或学习小组制度

为了促进教师的专业成长和发展，我们可以建立导师制度或学习小组制度。导师制度可以为每位教师配备一位经验丰富的导师，为他们提供个性化的指导和帮助；学习小组制度可以鼓励教师之间互相学习和交流，共同解决问题和困惑。

第三节　初中音乐教师培训效果评估

初中音乐教师培训效果评估是衡量培训质量、促进教师发展的重要环节。

一、评估目的与原则：明确方向，确保公正

在初中音乐教师培训的过程中，评估是一个不可或缺的环节。它不仅能够帮助我们了解培训的效果，还能够为后续的培训提供有益的反馈和指导。为了确保评估的有效性和公正性，我们必须明确评估的目的，并遵循一定的评估原则。

（一）明确评估目的：促进培训质量的提升，为教师发展提供有益反馈

初中音乐教师培训效果评估的主要目的是促进培训质量的提升，并为教师的后续发展提供有益的反馈和指导。这一目的的实现，需要深入了解教师在培训过程中的学习情况和收获，进而判断培训是否达到了预期的目标。

1. 了解教师在培训过程中的学习情况和收获

评估的首要任务是了解教师在培训过程中的学习情况和收获。这包括教师对培训内容的掌握程度、在培训中的学习态度、所获得的教学技

能和知识等。通过了解这些情况，我们可以判断教师在培训中是否有所成长，以及他们在哪些方面取得了显著的进步。

2. 判断培训是否达到了预期的目标

评估的一个重要目的是判断培训是否达到了预期的目标。在培训开始之前，我们通常会设定一系列的目标和期望，希望通过培训使教师达到某些特定的标准和要求。通过评估，我们可以对比教师在培训前后的表现，判断他们是否达到了这些目标和期望。

3. 为后续的培训工作提供有益的反馈和指导

评估还可以为后续的培训工作提供有益的反馈和指导。通过评估结果，我们可以发现培训中存在的问题和不足，进而对培训内容进行调整和改进。同时，我们可以根据教师的反馈和建议，对培训方式和方法进行优化，以提高培训的效果和质量。

4. 帮助教师了解自身在培训中的成长和不足

除了对培训本身进行反馈和指导外，评估还可以帮助教师了解他们在培训中的成长和不足。教师通过评估结果可以清晰地看到自己在哪些方面取得了进步，在哪些方面还需要进一步地努力和提升。这有助于教师为后续的专业发展制订更加明确的计划，并针对性地进行学习和实践。

（二）遵循客观、公正、全面的评估原则：确保评估结果的准确性和有效性

在进行初中音乐教师培训效果评估时，必须遵循客观、公正、全面的原则。这些原则是确保评估结果准确性和有效性的关键。

1. 客观性：以事实为依据，避免主观臆断和偏见

客观性要求在评估过程中以事实为依据，避免主观臆断和偏见。这意味着我们需要收集和分析客观的数据和证据，以支持我们的评估结论。例如，可以通过观察教师在培训中的表现，分析他们的作业和作品，听取他们的自我反思和汇报等方式来收集数据。在评估过程中，我们需要保持客观的态度，不受个人情感、偏见或外部压力的影响。

2. 公正性：对所有教师一视同仁，不偏袒任何一方

公正性要求在评估过程中对所有教师一视同仁，不偏袒任何一方。这意味着我们需要采用统一的评估标准和程序，确保每个教师都受到公平和公正的评估。在评估过程中，需要避免对某些教师给予过高的评价或对某些教师持有偏见。同时，需要确保评估过程的透明度和公开性，让每个教师都了解评估的标准和程序，并对评估结果有信心。

3. 全面性：考虑教师的多个方面，确保评估结果的全面性和准确性

全面性要求在评估过程中考虑教师的多个方面，包括知识、技能、实践能力、自我反思等。这意味着我们需要采用多种评估方法和工具来全面评估教师的表现和发展。例如，可以通过考试、作业、实践项目、自我反思报告等方式来评估教师的知识掌握情况、教学技能、实践能力和自我反思能力。同时，需要考虑教师在培训过程中的学习态度、合作精神、创新能力等非认知因素的表现。通过全面评估教师的多个方面，我们可以获得更加全面和准确的评估结果，并为教师的后续发展提供更加有针对性的反馈和指导。

二、评估内容与指标：多维考量，全面评估

在初中音乐教师培训的效果评估中，为了确保评估的全面性和准确性，我们需要从多个维度进行考量。

（一）学员满意度调查：了解教师感受与体验，为后续培训提供参考

学员满意度是衡量培训效果的重要指标之一，它反映了教师对培训的整体感受和体验。通过进行学员满意度调查，我们可以深入了解教师

对培训内容的满意度、对培训方式的认可度以及对培训讲师的评价。

1. 对培训内容的满意度

调查教师对培训内容的满意度，可以帮助我们了解培训内容是否符合教师的实际需求，是否涵盖了他们所需的专业知识和技能。同时，我们可以了解教师对培训内容难度和深度的看法，以便对后续的培训内容进行适当调整。

2. 对培训方式的认可度

培训方式对于教师的学习效果和体验有着重要影响。通过调查教师对培训方式的认可度，我们可以了解他们是否喜欢所采用的培训方式，如讲座、研讨、实践操作等。这有助于我们为后续的培训工作选择更加合适的培训方式，以提高教师的学习积极性和效果。

3. 对培训讲师的评价

通过调查教师对培训讲师的评价，我们可以了解讲师的教学水平、专业素养以及与教师之间的互动情况。这有助于我们对讲师进行选拔和培养，确保他们具备较高的教学能力和专业素养。

（二）学员知识与技能掌握情况评估：关注学习成果，衡量培训效果

知识与技能是初中音乐教师培训的核心内容，也是衡量培训效果的重要指标之一。在评估过程中，我们需要重点关注教师在培训后对音乐专业知识与技能的掌握情况。

1. 测试卷评估

通过设计测试卷，我们可以对教师在培训后的专业知识掌握情况进行客观评估。测试卷可以涵盖音乐理论、教学方法、课程设计等多个方面，以确保评估的全面性。通过测试卷的成绩，我们可以了解教师在培训过程中的学习成果和进步情况。

2. 实际操作演示评估

除了测试卷评估外，我们还可以通过实际操作演示来评估教师在培训后的技能掌握情况，如要求教师进行现场演奏、教学设计展示等实际操作，以便我们观察他们的技能水平和应用能力。通过实际操作演示的评估，我们可以更加直观地了解教师在培训后的技能提升情况。

（三）学员教学实践能力提升评估：观察教学实践，了解改进情况

教学实践能力是初中音乐教师的重要素养之一，也是培训效果的重要体现。在评估过程中，我们需要关注教师在培训后教学实践能力的提升情况。

1. 观察教师的教学演示

通过观察教师的教学演示，我们可以了解他们在教学实践中的表现和能力，包括观察教师的课堂教学、课外辅导等场景，以便我们全面了解他们的教学实践能力，发现教师在教学实践中的优点和不足，并为他们提供有针对性的指导和帮助。

2. 分析教师的教学案例

要求教师提交教学案例，并对这些案例进行分析，可以帮助我们了解教师在教学实践中的应用能力和创新能力，了解他们在教学设计、教学方法、学生互动等方面的表现，进而判断他们的教学实践能力是否得到了提升。

3. 听取学生的反馈

学生是教师教学实践的直接对象，他们的反馈可以帮助我们了解教师在教学实践中的表现和改进情况，了解教师对学生的关注度、教学方法的适用性以及教学效果等方面的情况。这有助于更加全面地了解教师在培训后教学实践能力的提升情况。

（四）学员对培训效果的自我反思与评价：鼓励自我反思，明确后续计划

自我反思与评价是教师专业发展的重要环节，也是评估培训效果的重要依据之一。在评估过程中，需要鼓励教师对自己在培训过程中的学习情况进行反思和评价。

1. 撰写培训心得

要求教师撰写培训心得，可以帮助他们对自己在培训过程中的学习情况进行回顾和总结。通过撰写心得，教师可以更加深入地了解自己的成长和不足，并为后续的专业发展制订更加明确的计划。同时，阅读教师的心得可以了解他们对培训的感受和建议，以便对后续的培训工作进行改进。

2. 参与小组讨论

组织小组讨论，鼓励教师分享自己在培训过程中的学习体会和收获，可以帮助他们更加深入地了解自己的成长和不足。通过小组讨论，教师可以相互学习和交流，共同解决问题和困惑。同时，观察教师在小组讨论中的表现可以了解他们的思维能力和表达能力，进而为他们的后续发展提供有针对性的指导和帮助。

三、评估方法与工具：多样选择，科学收集

在初中音乐教师培训效果评估中，科学、全面地收集数据并进行分析是至关重要的。为了确保评估结果的准确性和有效性，我们需要采用多种评估方法，并利用量表、测试卷等评估工具来收集数据。

（一）多种评估方法并用：全面了解教师的学习情况

在初中音乐教师培训效果评估中，单一的评估方法往往难以全面反映教师在培训过程中的学习情况和收获。因此，我们需要采用多种评估

方法并用，以确保评估结果的全面性和准确性。

1. 问卷调查法

问卷调查法是一种常用的评估方法，设计合理的问卷可以了解教师对培训内容的满意度、对培训方式的认可度、对培训讲师的评价等方面的信息。问卷调查法具有操作简便、易于统计和分析等优点，在初中音乐教师培训效果评估中得到了广泛应用。为了确保问卷调查的有效性，我们需要精心设计问卷内容，确保问题具有针对性和代表性，同时，需要对问卷数据进行科学的统计和分析，以得出准确的评估结果。

2. 访谈法

访谈法是一种通过面对面交流来收集信息的方法。在初中音乐教师培训效果评估中，可以采用访谈法来了解教师对培训的感受、收获和建议。通过访谈，我们可以更加深入地了解教师的内心世界和真实想法，从而为后续的培训工作提供有益的参考。在进行访谈时，我们需要确保访谈环境的舒适和私密，以便教师能够畅所欲言。同时，我们需要对访谈内容进行记录和整理，以便后续的分析和评估。

3. 观察法

观察法是一种通过直接观察来收集信息的方法。在初中音乐教师培训效果评估中，可以采用观察法来了解教师在培训过程中的表现、学习态度和技能掌握情况，以便更加直观地了解教师在培训过程中的实际情况，从而为评估提供更加客观的依据。在进行观察时，我们需要确保观察的全面性和准确性，避免主观臆断和偏见对评估结果的影响。

4. 测试法

测试法是一种通过测试来评估教师学习成果的方法。在初中音乐教师培训效果评估中，可以采用测试法来了解教师在培训后对专业知识的掌握情况和应用能力。通过测试，我们可以更加客观地了解教师在培训过程中的学习成果和进步情况，从而为后续的培训工作提供有针对性的指导和帮助。在设计测试卷时，我们需要确保测试内容的全面性和难度适中，以便能够真实反映教师的学习成果。

（二）利用量表、测试卷等评估工具收集数据：科学评估教师的学习成果

在初中音乐教师培训效果评估中，为了更加科学地收集数据并进行评估，我们需要利用量表、测试卷等评估工具。

1. 量表的应用

量表是一种用于测量和评估特定变量或概念的工具。在初中音乐教师培训效果评估中，可以利用量表来测量教师在培训过程中的学习态度、技能掌握情况、教学实践能力等方面的变化。通过量表的应用，我们可以将教师在培训过程中的表现和学习成果转化为具体的数值或等级，从而更加客观地进行比较和分析。同时，量表可以帮助我们发现教师在培训过程中存在的问题和不足，以便为他们提供有针对性的指导和帮助。

2. 测试卷的设计与应用

测试卷是一种用于评估教师学习成果的常用工具。在初中音乐教师培训效果评估中，可以设计合理的测试卷来测量教师在培训后对专业知识的掌握情况和应用能力。测试卷的设计需要遵循科学性、全面性和难度适中的原则，以确保测试结果的准确性和有效性。通过测试卷的应用，我们可以了解教师在培训过程中的学习成果和进步情况，并为后续的培训工作提供有针对性的指导和帮助。同时，测试卷可以帮助我们发现教师在专业知识掌握和应用方面存在的问题和不足，以便为他们提供有针对性的辅导和训练。

3. 数据的统计与分析

在利用量表、测试卷等评估工具收集数据后，需要对数据进行科学的统计和分析。通过数据的统计和分析，我们可以得出教师在培训过程中的学习成果和进步情况的客观结论，并为后续的培训工作提供有益的参考。在数据的统计和分析过程中，我们需要采用合适的统计方法和分析工具，以确保结果的准确性和可靠性，同时需要对统计结果进行解释和说明，以便更好地理解教师在培训过程中的学习情况和收获。

四、评估结果应用：总结经验，优化培训

初中音乐教师培训效果评估不仅是对培训过程的总结，更是对未来培训工作的指导和优化。在完成评估后，我们需要深入分析评估结果，总结经验与教训，调整培训方案与策略，并将评估结果作为教师考核与激励的依据。

（一）分析评估结果，总结培训经验与教训

对初中音乐教师培训效果评估结果进行深入分析和总结，是优化未来培训工作的关键。我们需要从多个角度审视评估数据，提炼出培训的成功经验和存在的问题，为后续培训工作提供有益的参考。

1. 分析教师在培训过程中的学习情况和收获

通过评估结果，我们可以了解教师在培训过程中的学习情况和收获。这包括教师在专业知识、教学技能、教育理念等方面的提升。我们需要分析教师在哪些方面取得了显著的进步，以及在哪些方面仍存在不足，从而明确后续培训的重点和方向，帮助教师进一步提升专业素养和教学能力。

2. 总结培训的成功经验和存在的问题

在评估过程中，我们会发现一些成功的培训经验和做法，如有效的培训方式、受欢迎的培训内容、具有启发性的培训活动等，同时也会发现一些存在的问题和不足，如培训内容与实际需求脱节、培训方式单一、培训资源不足等。我们需要对这些经验和问题进行总结和归纳，为后续培训工作提供有益的借鉴和改进方向。

3. 提炼对未来培训工作的启示和建议

基于评估结果的分析和总结，我们可以提炼出对未来培训工作的启示和建议。这包括如何优化培训内容、改进培训方式、增强培训效果等方面的建议。这些建议将成为后续培训工作的重要参考，帮助我们不断优化和完善培训体系。

（二）根据评估结果调整培训方案与策略

根据初中音乐教师培训效果评估结果，我们需要对培训方案与策略进行调整和优化。这是确保培训工作持续有效、满足教师实际需求的关键步骤。

1. 针对教师在培训过程中存在的问题和不足进行有针对性的改进

通过评估结果，我们可以发现教师在培训过程中存在的问题和不足。例如，教师在某些专业知识领域存在短板、在教学技能方面需要进一步提升等。我们需要根据这些问题和不足，对培训内容和方式进行有针对性的调整和改进。例如，增加相关专业知识的培训课程、开展教学技能提升工作坊等。

2. 根据教师的实际需求调整培训内容和方法

教师的实际需求是培训工作的出发点和落脚点。我们需要根据评估结果中反映出的教师实际需求，对培训内容和方法进行相应的调整。例如，如果评估结果显示教师在某方面的需求特别强烈，我们可以适当增加该方面的培训内容；如果评估结果显示某种培训方式特别受欢迎，我们可以继续采用并优化这种培训方式。

3. 创新培训模式和策略，增强培训效果

在调整和优化培训方案与策略的过程中，我们还需要注重创新，而引入新的培训模式和策略，可以进一步提高培训质量。例如，可以尝试采用线上与线下相结合的混合式培训模式、引入游戏化学习元素等。这些创新举措将有助于激发教师的学习兴趣和参与度，提高培训质量。

（三）将评估结果作为教师考核与激励的依据

初中音乐教师培训效果评估结果不仅可以用于优化培训工作，还可以作为教师考核与激励的重要依据。例如，将评估结果与教师的绩效考核、职称评定等挂钩，可以激励教师更加积极地参与培训和学习。

1. 将评估结果与教师的绩效考核挂钩

我们可以将教师在培训过程中的表现和学习成果作为绩效考核的重要指标之一。这样，教师就可以通过积极参与培训和学习来提高自己的绩效考核成绩。这种机制将有助于激发教师的学习动力和积极性。

2. 将评估结果作为教师职称评定的参考依据

在职称评定过程中，我们可以将教师在培训过程中的表现和学习成果作为重要的参考依据。这样，教师就可以通过不断参与培训和学习来提升自己的专业素养和教学能力，从而提高职称评定的成功率。

3. 利用评估结果激励教师参与培训和学习

此外，我们还可以利用评估结果来激励教师更加积极地参与培训和学习。例如，我们可以设立"优秀学员"奖项，对在培训过程中表现突出的教师进行表彰和奖励。这种激励机制将有助于激发教师的竞争意识和进取心，促使他们更加努力地参与培训和学习。

第四节　初中音乐教师专业发展的途径

初中音乐教师的专业发展是一个持续不断的过程，它要求教师在职业生涯中不断学习和进步，以适应教育环境的变化和学生需求的多样性。

一、个人学习与自我提升：内在动力的源泉

在初中音乐教师的职业生涯中，个人学习与自我提升是不可或缺的。这不仅关乎教师自身的专业发展，更直接影响到学生的学习体验和成长。在这个过程中，制订个人学习计划以及进行教学反思是两个至关重要的环节。

（一）制订个人学习计划：教师专业发展的基石

对于初中音乐教师而言，制订一个切实可行的个人学习计划是自我提升的第一步，也是持续发展的基石。这个计划应该紧密围绕教师自身的教学经验和实际需求，旨在不断更新知识结构，提升教学技能。

1. 明确学习目标与内容

在制订个人学习计划时，首先需要明确学习的目标与内容。这包括希望掌握的新的音乐理论知识、现代教学技术，以及音乐教育的前沿动态等。明确的目标和内容可以帮助教师更有针对性地进行学习，避免盲

目性和随意性。

例如，初中音乐教师可能希望深入学习音乐史和音乐理论，以便更好地向学生传授这些知识。也可能对现代教学技术感兴趣，如数字化音乐制作和多媒体教学等。将这些具体的学习内容纳入个人学习计划，可以使学习更加有系统和有成效。

2. 合理安排学习时间与进度

制订个人学习计划时，还需要合理安排学习时间与进度。教师需要根据自己的日常工作和生活安排，为学习留出足够的时间，并确保学习的进度与计划相符。

例如，教师可以每周安排一定的时间进行阅读和学习，如阅读音乐教育相关的书籍和文章，观看教学视频等，同时可以设定一些短期和长期的学习目标，如一个月内完成一本音乐教育书籍的阅读，或一年内掌握一项新的教学技术等。

3. 选择合适的学习资源与途径

在制订个人学习计划时，选择合适的学习资源与途径也是至关重要的。教师可以根据自己的学习需求和兴趣，选择适合自己的学习资源，如书籍、在线课程、研讨会等。

例如，希望深入学习音乐理论的教师，可以选择一些权威的音乐理论书籍进行研读。而对现代教学技术感兴趣的教师，则可以参加一些在线课程或研讨会，学习最新的教学技术和方法。

4. 持续评估与调整学习计划

制订个人学习计划并不是一成不变的。教师需要在学习过程中持续评估自己的学习进度和效果，并根据实际情况对学习计划进行调整。

例如，如果教师在学习过程中发现某些学习内容与自己的实际需求不符，或者学习进度过慢，都可以对学习计划进行相应的调整。这种灵活性和适应性是个人学习计划能够持续且有效的重要保障。

（二）进行教学反思：教师专业成长的重要环节

教学反思是教师专业成长的重要环节。通过对自己的教学实践进行回顾和总结，教师可以积累宝贵的教学经验，提升教学能力和教育智慧。

1. 回顾教学实践与总结经验

教学反思的第一步是回顾自己的教学实践。教师需要仔细回顾自己的教学过程，包括教学设计、课堂实施、学生反馈等各个环节，从而可以发现自己的教学亮点和不足，并总结经验教训。

比如，初中音乐教师在回顾自己的教学实践时，可能发现自己在课堂管理上存在一些不足，导致课堂秩序混乱。通过深入反思，可以总结出一些有效的课堂管理策略，并在后续的教学中加以应用。

2. 分析教学成功与不足的原因

在回顾教学实践的基础上，教师需要进一步分析教学成功与不足的原因，包括教学方法的选择、教学资源的利用、学生需求的满足等多个方面。通过深入分析，教师可以找到问题的根源，并提出相应的改进措施。

例如，如果初中音乐教师发现自己的学生在课堂上参与度不高，可以分析是不是由于教学方法过于单一或教学内容与学生兴趣不符等原因造成的。通过找到问题的根源，他可以调整教学方法和内容，以更好地满足学生的需求。

3. 调整教学策略并实践验证

在分析了教学成功与不足的原因后，教师需要据此调整自己的教学策略，包括改进教学方法、优化教学资源、调整教学进度等。调整后的教学策略需要在实践中进行验证，以检验其有效性。

例如，一位初中音乐教师在分析了自己教学不足的原因后，决定采用更加多样化的教学方法，如小组合作学习、项目式学习等。将这些新的教学方法应用到实际教学中，并观察学生的反应和学习效果，从而评估新的教学策略是否有效，并进行进一步的调整和优化。

4. 积累教学经验并提升教育智慧

通过持续地教学反思和实践验证，教师可以积累宝贵的教学经验。这些经验不仅可以帮助教师更好地应对日常教学中的挑战和问题，还可以提升教师的教育智慧。教育智慧是指教师在长期的教学实践中形成的对教育现象和问题的深刻理解和独特见解。通过教学反思和实践验证的积累过程，教师的教育智慧将不断得到提升和发展。这将使教师更加成熟、自信和有效地应对各种教学场景和挑战，为学生的成长和发展提供更好的支持和引导。

二、参与教研活动与学术交流：拓宽视野的窗口

对于初中音乐教师而言，参与教研活动和学术交流活动无疑为其提供了一个宝贵的平台，使他们能够不断更新教学理念，提升教学技能，并与同行及专家学者进行深入探讨，共同推动音乐教育的发展。

（一）参加教研活动：交流教学经验，拓宽教学思路

教研活动作为教师之间交流的重要平台，对于初中音乐教师的专业发展具有不可替代的作用。通过积极参与学校或学区组织的教研活动，教师可以不断吸收新的教学理念，拓宽自己的教学思路。

1. 了解同行的教学方法与经验

在教研活动中，初中音乐教师有机会接触到来自不同学校、不同背景的同行。通过与他们的分享与交流，教师可以了解到多样化的教学方法和经验。例如，有些教师可能擅长运用现代技术手段进行音乐教学，而有些教师则更注重传统文化的传承。这些不同的教学方法和经验可以

为教师提供新的启示，帮助他们拓宽教学思路。

2. 分享自己的教学成果与反思

教研活动不仅是学习的平台，也是分享与反思的机会。初中音乐教师可以借此机会展示自己的教学成果，如优秀的教学案例、学生作品等。同时，他们可以对自己的教学实践进行深入反思，与同行共同探讨存在的问题与改进策略。这种分享与反思的过程有助于教师更加清晰地认识自己的教学优势与不足，从而更有针对性地进行改进。

3. 促进教师之间的合作与交流

教研活动还有助于促进教师之间的合作与交流。在共同的教学研讨中，教师可以就某一教学问题进行深入探讨，共同寻找解决方案。这种合作与交流不仅有助于提升教师的教学能力，还可以增强教师之间的团队凝聚力，为学校的整体教学发展创造良好氛围。

（二）参与学术交流活动：提升专业素养，拓宽学术视野

对于初中音乐教师而言，积极参与学术会议、研讨会等学术交流活动，可以与专家学者和同行进行深入的探讨和交流，从而不断提升自己的学术水平。

1. 了解音乐教育领域的最新研究成果

在学术交流活动中，初中音乐教师有机会接触到音乐教育领域的最新研究成果。这些成果可能涉及音乐教育理论、教学方法、教育技术等多个方面。通过了解这些最新成果，教师可以及时更新自己的知识体系，将最新的教学理念和方法应用到实际教学中。

2. 掌握音乐教育的前沿动态与发展趋势

在学术交流活动中，初中音乐教师还可以掌握音乐教育的前沿动态与发展趋势。例如，当前音乐教育领域可能正关注着某一新的教学理念或技术的应用。通过参与相关交流，教师可以及时了解这些动态，并思考如何将其融入自己的教学中。

3. 与专家学者和同行进行深入探讨与交流

在学术交流活动中，初中音乐教师还有机会与专家学者和同行进行深入探讨与交流。这种交流不仅有助于教师解决自己在教学中遇到的问题，还可以激发新的教学灵感和思路。通过与专家学者和同行的互动，教师可以不断提升自己的学术素养和教学能力。

三、寻求专业指导与帮助：成长的加速器

在教育领域，尤其是初中音乐教育这一特定范畴内，教师的专业成长不仅是个人能力的提升，更是整个教育体系质量与效果优化的关键。为此，寻求专业指导与帮助成了教师成长的加速器。

（一）建立师徒制或导师制：传承与创新的桥梁

师徒制或导师制，作为古老而有效的知识传承方式，在现代教育体系中依然发挥着举足轻重的作用。尤其在初中音乐学校，这一制度的实施对于年轻教师的快速成长具有不可估量的价值。

1. 加速年轻教师角色适应

初入职场的年轻教师，往往面临着教学环境陌生、教学技巧欠缺等挑战。师徒制或导师制的建立，为这些教师提供了一个近距离观察、学习并实践的平台。经验丰富的老教师作为师父或导师，能够将自己的教学心得、班级管理经验以及与学生沟通的技巧倾囊相授，帮助年轻教师更快地适应教师角色，减少职业生涯初期的迷茫与困惑。

2. 促进教学技巧与能力的提升

教学是一门艺术，也是一项需要不断精进的技能。在师徒制或导师制下，年轻教师有机会直接观摩师父或导师的教学过程，从课堂设计、教学方法到学生互动，每一个细节都可以成为学习的对象。同时，师父

或导师会定期对年轻教师的教学进行反馈与指导，帮助他们识别并改进教学中的不足，从而不断提升教学能力。

3. 激发创新思维与个性发展

师徒制或导师制并非简单的模仿与复制，其核心在于传承与创新的结合。在师父或导师的指导下，年轻教师不仅可以学习到成熟的教学经验，还可以在此基础上进行个性化的创新尝试。这种结合既有助于保持教学质量的稳定，也为年轻教师提供了展现个人教学风格与特色的空间。

（二）邀请专家、学者来校指导：拓宽视野与提升素养

除了师徒制或导师制的内部培养机制，学校还应积极寻求外部资源的支持，邀请音乐教育领域的专家、学者来校进行指导。

1. 引入前沿理念与最新研究成果

专家、学者作为音乐教育领域的领航者，往往掌握着最新的教学理念与研究成果。他们的讲座或指导，能够为教师带来第一手的前沿信息，帮助教师及时了解音乐教育的发展趋势与改革方向。这种信息的获取，对于教师更新教学观念、创新教学方法具有重要的启发作用。

2. 提供与专家学者面对面交流的机会

与专家学者的面对面交流，是教师专业成长中的宝贵经历。在举办讲座或指导过程中，教师不仅可以听取专家学者的观点与见解，还可以就自己在教学实践中遇到的问题进行提问与讨论。这种直接的互动，有助于教师获得个性化的指导与建议，解决教学中的困惑与难题。

3. 激发教师的学术热情与研究意识

专家学者的讲座或指导往往蕴含着深厚的学术底蕴与严谨的研究态度，这对于初中音乐教师来说是一种无形的激励与鞭策。通过与专家学者的接触与交流，教师可以感受到学术研究的魅力与价值，从而激发自身的学术热情与研究意识。这种意识的觉醒对于教师将教学实践与学术

研究相结合、成为研究型教师具有重要的推动作用。

四、利用网络资源与平台：时代的馈赠

在互联网时代，网络资源与平台如同知识的海洋，为教师提供了无尽的学习与发展机会。对于初中音乐教师而言，充分利用这些资源与平台不仅是个人专业成长的加速器，更是与时代接轨、创新教学模式的重要途径。

（一）充分利用网络资源与平台：拓宽视野，创新教学

互联网的发展，为教育领域带来了前所未有的变革。对于初中音乐教师而言，网络资源与平台是其专业成长道路上不可或缺的宝贵财富。

1. 获取最新教学资源与教学方法

网络资源与平台汇聚了全球范围内的优质教育资源。初中音乐教师可以通过在线课程、教学视频、电子书籍等途径，轻松获取到最新的教学资料和先进的教学方法。这些资源不仅涵盖了音乐理论的各个方面，还包括了教学实践、学生评估等多个环节，为教师提供了全面、系统的学习材料。

2. 与同行进行在线交流与讨论

网络资源与平台为教师之间的交流与合作提供了便利。初中音乐教师可以利用教学论坛、在线研讨会等渠道，与来自不同地区、不同学校的同行进行实时的交流与讨论。这种跨地域、跨时间的互动模式，使得教师能够就某一教学问题进行深入的探讨，共同寻找最佳解决方案。

3. 提升自主学习能力与创新意识

网络资源与平台的丰富性和多样性，为教师提供了广阔的学习空间。初中音乐教师可以根据自己的教学需求和兴趣点，自主选择学习资源和学习路径。这种自主学习的模式不仅有助于教师提升自我驱动力和

学习效率，还能激发其创新意识，鼓励教师在教学实践中进行大胆地尝试与创新。

（二）参与网络社群：共享智慧，共同成长

网络社群作为教师之间交流与分享的重要平台，正逐渐成为教师专业发展不可或缺的一部分。对于初中音乐教师而言，积极参与网络社群，意味着能够拥有更多的学习机会和成长空间。

1. 了解不同地区、不同学校的教学情况和经验

网络社群汇聚了来自五湖四海的同行。通过参与音乐教育网络社群，初中音乐教师可以轻松地了解到不同地区、不同学校的教学情况和经验。这种跨地域的信息共享使得教师能够从中汲取到更多的教学灵感和智慧，为自己的教学实践提供有益的参考。

2. 拓宽教学视野和思路

网络社群中的交流与分享往往能够激发教师新的教学思路和灵感。初中音乐教师在社群中可以就某一教学问题进行深入的探讨，听取同行的观点和建议。这种多元化的思维碰撞，有助于教师拓宽自己的教学视野和思路，为创新教学模式提供有力的支持。

3. 建立同行间的互助与合作关系

网络社群不仅是一个交流与分享的平台，更是一个互助与合作的大家庭。初中音乐教师在社群中可以结识到志同道合的同行，与同行共同面对教学中的挑战和问题。这种互助与合作的关系不仅有助于教师解决教学中的困惑和难题，还能为其提供情感上的支持和慰藉。

五、政策支持与激励机制：发展的助推器

在音乐教育的广阔天地里，政策支持与激励机制如同强劲的助推器，为教师的成长与飞跃提供了不可或缺的动力与保障。

（一）制定有利于音乐教师专业发展的政策与措施：奠定坚实基石

政策支持是教师专业成长的土壤，它滋养着教师的职业生涯，为其持续发展提供着源源不断的养分。

1. 提供专业培训机会：构建成长阶梯

政府与学校应携手合作，为音乐教师提供丰富多样的专业培训机会。这些培训可以涵盖音乐教育理论、教学方法、音乐技术等多个方面，旨在全面提升教师的专业素养与教学能力。通过定期的培训，教师能够不断更新知识结构，掌握最新的教学理念与技能，从而更好地应对教学挑战，提升教学质量。

2. 设立专项研究基金：鼓励学术探索

为了促进音乐教师的学术研究与创新，政府与学校可以设立专项研究基金。这些基金可以用于支持教师的科研项目、学术会议参与、学术论文发表等，使教师可以更加专注于学术研究，探索音乐教育的深层规律，为教学实践提供理论支撑与创新思路。

3. 优化职业发展路径：明确成长方向

此外，政府与学校还应优化音乐教师的职业发展路径。这意味着要为教师提供明确的职称晋升渠道、职业发展规划指导等。通过明确的职业发展路径，教师可以更加清晰地看到自己的成长方向与目标，从而更加有动力地投入教学与研究中。

（二）建立完善的激励机制：激发内在动力

激励机制是教师专业发展的催化剂，它能够有效地激发教师的工作热情与创造力，推动其在教学与科研上不断追求卓越。

1. 设立教学成果奖：彰显教学价值

学校与政府应设立教学成果奖，对在教学上取得显著成绩的教师进行表彰与奖励。这些成果可以包括学生的音乐素养提升、教学创新实践、教学质量评估优秀等。教学成果奖的设立可以使教师更加直观地感受到自己教学工作的价值与意义，从而更加有动力地投入教学中。

2. 设立优秀教师奖：树立榜样力量

除了教学成果奖外，还可以设立优秀教师奖，对在音乐教育领域做出突出贡献的教师进行表彰。这些贡献可以包括教学研究、教材编写、学生培养等多个方面。设立优秀教师奖可以树立一批教学榜样，激励其他教师向榜样学习，不断提升自己的专业素养与教学能力。

3. 实施绩效挂钩制度：激发工作热情

为了更加有效地激发教师的工作热情与创造力，学校与政府还可以实施绩效挂钩制度。这意味着教师的薪资待遇、职称晋升等将与其教学绩效紧密相关。绩效挂钩制度的实施可以使教师更加明确地感受到自己工作成果与回报之间的直接关系，从而更加有动力地投入教学与研究中。

第七章

初中音乐教学的
环境建设

第一节　初中音乐教学环境的硬件建设

音乐，作为一门充满情感与创造力的艺术，其教学环境的硬件建设对于培养学生的音乐素养、激发他们的艺术潜能具有至关重要的作用。优质、完善的音乐教学环境不仅能够确保教学活动的顺利进行，还能在无形中熏陶学生的艺术情操，提升他们的审美能力。

一、教室布局与设施：构建基础，确保教学顺畅

教室的布局与设施是初中音乐教学环境的基础，它们对于教学活动的顺利进行以及学生的学习体验具有至关重要的影响。

（一）合理规划教室布局：创造舒适高效的教学空间

教室的布局对于教学活动的顺利进行具有直接影响。在初中音乐教学环境中，我们需要充分考虑音乐教学的特殊性，合理规划教室布局，以确保教师能够顺畅地进行教学，学生也能够在舒适的环境中学习。

1. 座位排列的优化

座位的排列方式是教室布局的重要组成部分。对于音乐教学而言，半圆形或马蹄形的座位排列方式被广泛推荐。这种排列方式不仅有利于学生集中注意力听教师讲解，还便于他们观察教师的示范动作，从而更好地掌握音乐技能和知识。同时，这种排列方式有助于促进学生之间的

互动和交流，营造一个更加活跃、积极的学习氛围。

2. 通道设计的考虑

除了座位排列外，教室的通道设计也是布局规划中不可忽视的一环。在进行乐器演奏或合唱等音乐活动时，学生需要频繁地移动和变换位置。因此，教室的通道应保持宽敞，以便学生能够自由移动，不会因为空间狭小而感到局促或不便。同时，宽敞的通道有助于拉近教师和学生的距离，使教师更好地指导和监督学生的学习活动。

3. 空间利用的多样化

在合理规划教室布局时，我们还需要充分考虑空间利用的多样化。例如，可以在教室的墙壁上设置乐器展示区，展示各种乐器，增加学生对乐器的了解和兴趣；还可以在教室的角落设置小型音乐图书馆，提供丰富的音乐教材和学习资料，供学生随时查阅和学习。这些多样化的空间利用方式不仅可以丰富教室的功能和内涵，还可以提升学生的学习体验和兴趣。

（二）配置必要的音乐教学设施：提供丰富多样的学习体验

音乐教学设施是开展音乐教学活动的物质基础。一个完善的音乐教学环境应配备钢琴、各种乐器、音响设备、音乐教材等必要的教学设施，以提供丰富多样的学习体验。

1. 钢琴的选择与配置

钢琴作为音乐教学的基础乐器，其音质和手感都会直接影响到学生的学习效果。因此，在选择钢琴时，应注重其品质和性能，选择音质清晰、手感舒适的钢琴。同时，根据教室的大小和学生的数量，需要合理配置钢琴的数量和位置，确保每个学生都能够有机会接触到钢琴，进行实践练习。

2. 其他乐器的配备

除了钢琴外，根据教学内容的需要，还应配置其他乐器，如小提琴、吉他、鼓等，以满足学生多样化的学习需求。这些乐器的配备不仅可以丰富教学内容和形式，还可以激发学生的学习兴趣和积极性。同时，要定期对这些乐器进行维护和保养，确保它们始终保持良好的使用状态。

3. 音响设备的运用

音响设备在音乐教学中发挥着重要的作用。它可以用于播放音乐、录制学生的演奏或歌唱，帮助学生更好地感知音乐、纠正错误。因此，需要配备高品质的音响设备，并确保其能够与教室的声学环境相协调，提供清晰、逼真的音效。同时，需要教会学生如何使用这些音响设备，以便他们在课后也能够进行自主学习和练习。

（三）确保教室的声学效果良好：提升音乐体验和学习效果

声学效果是音乐教学环境中的重要因素。一个良好的声学环境能够让学生更加清晰地听到音乐的每一个细节，从而提升他们的音乐体验和学习效果。

1. 使用吸音材料装修墙壁和天花板

为了减少外界噪声的干扰以及教室内部声音的反射和干扰，可以使用吸音材料来装修墙壁和天花板。这些材料能够有效地吸收声音能量，减少声音的反射和传播，从而创造一个更加安静、专注的学习环境。

2. 合理设置反射板

除了使用吸音材料外，还可以合理设置反射板来改善教室的声学效果。反射板可以将声音反射到教室的各个角落，使声音更加均匀分布，避免声音在某些区域过于集中或过于微弱。通过合理设置反射板的位置和角度，可以进一步优化教室的声学环境。

3. 调整座位的布局

座位的布局也会对教室的声学效果产生影响。为了避免声音在教室内产生不良的反射和干扰，可以根据教室的形状和大小以及声学原理来调整座位的布局。例如，可以将座位排列成错落有致的形式，避免声音在平行墙面之间产生过度的反射和共振。同时，可以利用座位之间的间隔和高度差来创造更加丰富的声学效果。

二、音乐专用教室与多功能厅：拓展空间，满足多元需求

在音乐教育的广阔天地里，音乐专用教室与多功能厅作为重要的物理空间，承载着培养音乐人才、展示音乐成果、丰富校园文化等多重功能。它们不仅为师生提供了专业的教学与表演环境，还促进了音乐艺术的交流与传播。

（一）建设音乐专用教室：打造专业、舒适的学习环境

音乐专用教室是音乐教育的核心空间，其设计与建设直接关系到教学质量与学生的学习体验。为了打造一个专业、舒适的学习环境，我们需要从多个方面入手。

1. 隔音与声学处理

音乐专用教室的首要特点是其良好的隔音效果。外界噪声的干扰会严重影响音乐教学，因此，设置隔音墙和隔音门是必要的措施。同时，教室内的声学处理也至关重要，包括墙壁、天花板和地板的吸音处理，以及合理的声音反射设计，以确保音乐声音的质量与清晰度。

2. 专业教学设备的配置

音乐专用教室应配备一系列专业的教学设备，以满足不同音乐课程的需求。例如，音乐播放系统可以用于播放示范曲目，帮助学生更好地理解和感受音乐；乐谱投影仪则可以将乐谱清晰地展示给全体学生，便

于教学指导。此外，还可以考虑配置一些电子乐器和音乐制作软件，以拓展学生的音乐技能和创作能力。

3.照明与通风系统的优化

照明与通风系统是音乐专用教室不可忽视的组成部分。合适的照明可以确保教室内的光线充足且柔和，保护学生的视力；而良好的通风系统则可以保持教室内的空气清新，为学生创造一个舒适的学习环境。在设计和建设音乐专用教室时，我们应充分考虑这些因素，以确保教室的整体环境质量。

（二）配备多功能厅：提供展示与交流的广阔平台

多功能厅是音乐教育中的重要补充空间，它为学生提供了展示自己才华、锻炼表演能力的平台，也是学校音乐文化氛围的重要体现。

1.足够的容纳量与合理的空间布局

多功能厅应具有足够的容纳量，能够容纳大量的观众和参与者。在空间布局上，应充分考虑舞台、观众席、音响设备区等功能区域的合理划分，以确保活动的顺利进行。同时，可以设置一些可移动的隔断或屏风，以便根据不同活动的需求进行灵活调整。

2.专业音响与灯光系统的配置

音响与灯光系统是多功能厅的核心设备。专业的音响设备可以确保音乐的清晰度和音质，让观众更好地感受到音乐的魅力；而灯光系统则可以为舞台表演提供艺术性的照明效果，增强表演的视觉冲击力。在选择这些设备时，应注重其品质和性能，以确保其能够满足各种大型活动的需求。

3.舞台设施与辅助设备的完善

除了音响和灯光系统外，多功能厅还应配备完善的舞台设施和辅助设备。例如，舞台背景幕布、道具存放区、化妆间等都可以为表演活动提供便利。此外，还可以考虑设置一些互动设施，如观众投票器、大屏幕显示屏等，以提高活动的趣味性和参与度。

（三）强调设施的安全性与耐用性：确保长期、稳定的使用效果

无论是音乐专用教室还是多功能厅，其设施的安全性与耐用性都是至关重要的。这是确保教学活动能够长期、稳定进行的基础。

1. 设施的安全性保障

设施的安全性是确保师生人身安全的重要保障。因此，应定期对音乐专用教室和多功能厅的设施进行检查和维护，及时发现并消除安全隐患。例如，对电线电路进行定期检查、对舞台设备进行牢固性测试、对紧急疏散通道进行畅通性检查等。这些措施都可以有效降低意外事故的发生概率。

2. 设施的耐用性考虑

设施的耐用性是确保教学活动能够长期、稳定进行的基础。在选择音乐专用教室和多功能厅的设施时，应注重其品质和性能。例如，选择耐磨损的地板材料、使用高质量的音响设备、选购品牌可靠的舞台灯光等。这些高品质的设施不仅可以提供更好的使用体验，还能减少频繁更换或维修带来的不便和浪费。

3. 设施的管理与维护机制

为了确保音乐专用教室和多功能厅的设施能够长期保持良好的使用状态，学校还需要建立一套完善的管理与维护机制。这包括制定设施使用规范、明确维护保养责任、建立设施档案等。这些措施可以确保设施的持续、稳定运行，为音乐教学提供有力的物质保障。

三、校园音乐文化氛围营造：潜移默化，熏陶学生情操

校园音乐文化氛围的营造对于学生的全面发展具有不可忽视的作

用。它不仅能够提升学生的音乐素养，还能在潜移默化中熏陶学生的情操，培养他们的审美情趣和人文素养。

（一）设置音乐文化墙、音乐雕塑等：传递音乐魅力，美化校园环境

在校园内巧妙设置音乐文化墙、音乐雕塑等设施，是营造浓厚音乐氛围、传递音乐文化魅力的有效手段。这些设施不仅能够美化校园环境，提升校园的艺术气息，还能在无形中向学生传递音乐的历史、精神内涵和审美价值。

1. 音乐文化墙：展示音乐历史与经典

音乐文化墙是一种直观且富有教育意义的设施。它可以通过图文结合的方式，展示音乐的历史发展脉络，让学生了解音乐的起源、演变和不同音乐流派的特点。同时，音乐文化墙可以呈现著名音乐家的故事和经典乐谱，让学生在欣赏中增长知识，感受音乐背后的文化底蕴。这样的设计不仅丰富了校园文化，还激发了学生对音乐的好奇心和探索欲。

2. 音乐雕塑：展现音乐韵律与美感

音乐雕塑是一种富有创意和表现力的设施。它以生动的形象展现音乐的韵律和美感，将抽象的音乐概念具体化、形象化。音乐雕塑可以设计成各种与音乐相关的形态，如乐器、音符、旋律线等，以独特的艺术语言诠释音乐的魅力。这些雕塑不仅装饰了校园，还成为学生艺术灵感的源泉，激发他们对音乐的热爱和创作动力。

3. 设施布局与校园环境融合

在设置音乐文化墙和音乐雕塑时，还需要考虑它们与校园环境的整体融合。设施的位置选择应合理，既能够吸引学生的注意，又与校园的景观和建筑风格相协调。同时，可以利用校园内的自然元素，如树木、花草等，与音乐设施相结合，创造出更加和谐、宜人的音乐文化氛围。

这样的布局不仅提升了校园的美观度，还让学生在自然的怀抱中更加亲近音乐，感受音乐的魅力。

（二）举办音乐节、音乐周等活动：丰富课余生活，提升音乐素养

除了设置音乐文化墙和音乐雕塑等静态设施外，举办音乐节、音乐周等动态活动也是营造校园音乐文化氛围的重要途径。这些活动能够为学生提供展示自己才华的平台，让他们在实践中锻炼音乐技能，还可以邀请专业音乐家或乐团来校演出，让学生近距离感受音乐的魅力。

1. 搭建学生展示平台

音乐节、音乐周等活动为学生提供了一个展示自己才华的舞台。无论是歌唱、演奏还是创作，学生都可以在这些活动中尽情展示自己的音乐才能。这样的平台不仅让学生有机会得到更多的实践锻炼，还能增强他们的自信心和表现力。同时，通过组织和参与这些活动，学生还能学会团队合作和沟通协调等重要的社会技能。

2. 邀请专业音乐家或乐团演出

为了让学生更加深入地感受音乐的魅力，学校可以邀请专业的音乐家或乐团来校演出。这些专业的表演不仅能够为学生带来高质量的音乐享受，还能让他们近距离观察和学习音乐家的演奏技巧和舞台表现力。这样的体验不仅丰富了学生的课余生活，还激发了他们对音乐学习的热情和兴趣。

3. 结合音乐教育与活动内涵

在举办音乐节、音乐周等活动时还应注重将音乐教育与活动的内涵相结合。例如，可以在活动中设置音乐教育讲座、音乐工作坊等环节，让学生在学习和实践中更加深入地了解音乐知识和技能。同时，可以结合活动的主题和背景，引导学生思考和探讨音乐与社会、文化等方面的联系，培养他们的综合素养和人文关怀。

4. 活动的持续性与创新性

为了确保音乐节、音乐周等活动的持续性和创新性，学校需要建立一套完善的活动策划和组织机制。这包括明确活动的目标和主题、制订详细的活动方案、邀请合适的嘉宾和表演者、进行有效的宣传和推广等，同时可以鼓励学生参与到活动的策划和组织中来，培养他们的领导力和组织能力。这样的机制可以确保活动的顺利进行，并不断创新和提升活动的质量和影响力。

第二节　初中音乐教学环境的软件建设

初中音乐教学环境的软件建设是提升音乐教学品质、激发学生音乐潜能的重要一环。它不仅关乎教学资源的整合与优化，还涉及教学技术的革新、师资队伍的建设以及教学评价的完善。

一、音乐教学资源库建设：整合资源，优化配置

音乐教学资源库的建设对于提升音乐教学质量、促进教师专业发展以及满足学生多样化的学习需求具有重要意义。进行资源整合、优化配置可以构建一个丰富、高效、共享的音乐教学资源库，为音乐教学提供有力支持。

（一）建立音乐教学资源库：丰富资源，提高备课效率

建立音乐教学资源库是音乐教学资源整合与优化配置的基础。一个完善的音乐教学资源库应包含丰富的音乐教材、教学视频、音频资料、乐谱等，以满足不同年级、不同水平学生的学习需求。

1. 资源库的构建与内容

音乐教学资源库的构建需要系统地规划和设计。首先，应明确资源库的目标和定位，即它既是为全校师生提供音乐教学资源的平台，还是针对特定年级或课程的辅助工具。其次，需要收集和整理各类音乐教

学资源，包括教材、教案、教学视频、音频资料、乐谱、乐器图片等。这些资源应涵盖音乐理论的各个方面，如音乐史、音乐鉴赏、音乐创作等，以满足不同年级和水平学生的学习需求。

在资源库的构建过程中，还应注重资源的多样性和丰富性。除了传统的教材和乐谱外，还可以加入一些新颖的教学资源，如互动式教学软件、虚拟现实音乐体验等，以激发学生的学习兴趣和积极性。同时，资源库的内容应不断更新和完善，确保教学资源的时效性和先进性。

2. 提高备课效率与质量

音乐教学资源库的建立有助于提高教师的备课效率和质量。在传统的备课过程中，教师需要花费大量时间查找和整理教学资源。而有了音乐教学资源库后，教师可以快速找到所需的教学资源，节省了大量时间和精力。同时，资源库中的教学资源经过精心挑选和整理，具有较高的质量和适用性，可以为教师提供更好的教学支持。

此外，音乐教学资源库还可以为教师提供个性化的备课服务。教师可以根据自己的教学需求和学生特点，在资源库中选择合适的教学资源，并进行个性化的加工和整合。这样不仅可以提高备课效率，还可以更好地满足学生的学习需求。

（二）鼓励教师共享教学资源：促进交流，共同提升

在教学资源库的建设过程中，鼓励教师共享教学资源是一项重要举措。共享教学资源不仅可以丰富资源库的内容，还可以促进教师之间的交流和合作。

1. 资源共享的意义与价值

教师共享教学资源具有多重意义和价值。首先，共享教学资源可以丰富资源库的内容，使资源库更加全面和多样。每位教师都有自己的教学经验和资源积累，将这些资源和经验共享出来，可以为资源库增添

更多有价值的内容。其次，共享教学资源可以促进教师之间的交流和合作。通过共享和交流，教师可以互相学习、互相启发，共同提升音乐教学水平。同时，共享教学资源还可以减轻教师的工作负担，提高教学效率和质量。

2. 学校支持与保障措施

为了鼓励教师共享教学资源，学校需要提供必要的支持和保障措施。首先，学校应建立完善的资源共享机制和管理制度。明确资源共享的范围、方式、流程等，确保资源共享的顺利进行。其次，学校还应为教师提供必要的技术支持和培训，帮助教师更好地进行资源共享和交流。最后，学校可以设立专门的资源共享平台或系统，方便教师进行资源的上传、下载和交流。这个平台或系统应具备易用性、稳定性和安全性等特点，以确保资源共享的顺利进行。

除了技术支持和平台建设外，学校还应给予教师一定的激励和奖励。例如，对于积极参与资源共享的教师，学校可以给予一定的物质奖励或荣誉表彰；对于在资源共享方面做出突出贡献的教师，学校还可以考虑给予职称晋升或职业发展方面的支持。这些激励和奖励措施可以有效地激发教师参与资源共享的积极性和热情。

3. 教师间的合作与交流

在鼓励教师共享教学资源的过程中，我们还应注重教师之间的合作与交流。学校可以定期举行教学研讨会或经验交流会，教师分享自己的教学资源和经验，探讨音乐教学中的问题和挑战。通过这样的合作与交流，教师可以互相学习、互相启发，共同提升音乐教学水平。同时，教师还可以利用社交媒体或在线论坛等平台进行远程交流和合作，打破地域和时间的限制，实现更广泛的资源共享和交流。

二、音乐教学软件与平台：技术革新，拓展空间

随着信息技术的迅猛发展，音乐教学领域也迎来了前所未有的变革。音乐教学软件与平台的引入，不仅为教师提供了更加便捷高效的教学工具，也为学生创造了更加灵活多样的学习环境。

（一）引入先进的音乐教学软件与平台：便捷高效，丰富教学

引入先进的音乐教学软件与平台是音乐教学技术革新的重要体现。这些软件和平台以其便捷性、高效性和丰富性，为音乐教学注入了新的活力。

1. 便捷高效的教学工具

先进的音乐教学软件与平台为教师提供了便捷高效的教学工具。例如，一些软件内置了丰富的音乐素材库，包括各种乐器声音、乐谱、音乐理论知识等，教师可以轻松调用这些素材来制作课件、编排乐谱，无须再花费大量时间搜索和整理资料。有些软件还支持一键式操作，如自动伴奏、智能和弦等，使得教师在教学过程中能够更加专注于教学内容的传授，而不会被烦琐的操作所困扰。

此外，一些音乐教学平台还提供了智能化的教学辅助功能。例如，教师可以通过平台发布教学任务、分享教学资源，平台会自动记录学生的学习进度和成绩，为教师提供实时的教学反馈。这些智能化的功能不仅减轻了教师的工作负担，还提高了教学效率和质量。

2. 丰富多样的教学资源

音乐教学软件与平台还提供了丰富多样的教学资源，使得音乐教学更加生动有趣。例如，一些软件内置了虚拟乐器功能，学生可以通过模拟演奏来感受不同乐器的音色和演奏技巧；一些平台则提供了在线音乐图书馆，学生可以随时随地访问并学习各种音乐作品和理论知识。这些

丰富的教学资源不仅拓宽了学生的音乐视野，还激发了他们的学习兴趣和积极性。

另外，一些软件和平台还支持个性化教学。教师可以根据学生的学习需求和兴趣点，为他们定制专属的学习计划和教学资源。这种个性化的教学方式能够更好地满足学生的学习需求，促进他们的全面发展。

（二）利用网络平台进行远程教学、在线互动：打破限制，灵活学习

网络平台为音乐教学提供了更加广阔的空间和可能性。利用网络平台进行远程教学、在线互动等，可以打破时间和空间的限制，让教师和学生能够更加灵活地进行学习和交流。

1. 远程教学的实施与优势

网络平台使得远程教学成为可能。教师可以通过网络平台发布教学任务、分享教学资源、进行在线辅导等；学生则可以在平台上提交作业、参与讨论、与其他同学进行合作学习等。这种教学方式不仅打破了时间和空间的限制，还使得教学更加灵活多样。

远程教学的实施带来了诸多优势。首先，它使得教师和学生能够更加自主地安排学习和教学时间，提高了教学效率。其次，远程教学扩大了教学覆盖范围，使得更多的学生能够接受到优质的音乐教育。最后，远程教学还促进了教学资源的共享和优化配置，提高了教学质量。

2. 在线互动的功能与应用

网络平台还支持在线互动功能，为音乐教学提供了更加丰富的交流方式。教师可以通过平台与学生进行实时互动，解答他们的疑问、指导他们的练习；学生则可以在平台上与其他同学进行合作学习、分享学习心得等。这种在线互动的方式不仅增强了学生的学习兴趣和积极性，还培养了他们的合作精神和沟通能力。

同时，在线互动功能为音乐教学提供了更加多样化的评估方式。教师可以通过平台对学生的学习进度和成绩进行实时跟踪和评估；学生也可以通过平台对自己的学习成果进行展示和分享。这种多样化的评估方式不仅使得教学更加公正、客观，还促进了学生的自我反思和成长。

三、音乐师资队伍建设：专业培训，经验分享

音乐师资队伍建设是提升音乐教育质量的关键环节。一个优秀的音乐教师不仅要有扎实的音乐素养，还要具备先进的教学理念和教学方法。为了打造一支高素质的音乐教师队伍，需要从专业培训和经验分享两个方面入手，不断提升教师的专业素养和教学能力。

（一）加强音乐教师的专业培训与进修：提升素养，更新理念

音乐教师的专业素养和教学能力直接影响到音乐教学的质量和效果。因此，加强音乐教师的专业培训与进修是提升音乐教育质量的必由之路。

1. 定期组织教师参加专业培训

学校应该定期组织教师参加各种音乐教育培训班、研讨会等，让他们不断学习和掌握新的教学理念和方法。这些培训可以涵盖音乐教育的前沿理论、教学方法、教材分析等多个方面，帮助教师全面提升自己的专业素养。通过参加培训，教师可以了解到最新的音乐教育动态，学习到先进的教学理念和教学方法，从而更好地指导自己的教学实践。

2. 鼓励教师参加进修课程

除了定期组织专业培训外，学校还应该鼓励教师参加进修课程，提升自己的学历和专业水平。进修课程可以为教师提供更加深入、系统的学习机会，帮助他们在专业领域取得更高的成就，还可以拓宽教师的视野，增强学术素养和教学能力。这对于提升教师的整体素质和音乐教育质量具有重要意义。

3. 更新知识结构，提高教学能力

通过专业培训与进修，教师可以不断更新自己的知识结构，提高教学能力和水平。在培训过程中，教师可以学习到最新的音乐教育理论和教学方法，了解到不同的教学风格和策略。这些知识和经验可以帮助教师更好地指导自己的教学实践，提升教学效果。同时，教师通过进修学习，可以增强自己的学术素养和研究能力，为音乐教育的发展做出更大的贡献。

（二）建立音乐教师交流平台：经验分享，共同提升

建立音乐教师交流平台是促进教师之间经验分享与合作的重要途径。通过这个平台，教师可以交流自己的教学心得、分享优秀的教学案例、探讨教学中的问题和困惑等。这对于提升教师的专业素养和教学能力具有重要意义。

1. 交流教学心得，分享教学案例

在音乐教师交流平台上，教师可以自由地交流自己的教学心得和体会。他们可以分享自己在教学实践中的成功经验、创新做法和独到见解，也可以向其他教师请教和寻求帮助。通过这种交流方式，教师可以互相学习、互相启发、互相支持，共同提升音乐教学水平。同时，教师可以在这个平台上分享优秀的教学案例和教学资源，为其他教师提供有益的参考和借鉴。

2. 探讨教学问题，寻求解决方案

在音乐教学实践中，教师难免会遇到各种问题和困惑。通过建立音乐教师交流平台，教师可以共同探讨这些问题和困惑，寻求有效的解决方案。他们可以分享自己的经验和做法，也可以向其他教师请教和寻求帮助。通过这种合作方式，教师可以更加深入地了解教学中的问题和挑战，找到更加有效的解决方法和策略。这对于提升教师的教学能力和应

对复杂教学情境的能力具有重要意义。

3. 利用平台进行评价与反馈

学校还可以利用音乐教师交流平台对教师进行教学评价和反馈。通过平台上的交流和互动，学校可以了解到教师的教学情况、教学风格和教学效果等方面的信息。这些信息可以为学校提供有益的评价和反馈依据，帮助学校更好地了解教师的教学水平和教学质量。同时，学校可以通过平台向教师提供有针对性的建议和指导，帮助他们更好地改进自己的教学方法和策略。这对于提升教师的专业素养和教学能力、推动音乐教育的发展具有重要意义。

四、音乐教学评价与激励机制：公正评价，激发热情

音乐教学评价与激励机制是音乐教育体系中至关重要的环节。科学合理的评价机制能够确保教学的公正性和有效性，而激励政策则能极大地激发教师的工作热情和创造力。

（一）建立科学合理的音乐教学评价机制：确保公正，提升效果

音乐教学评价是对音乐教学质量和效果进行客观衡量和判断的重要手段。为了确保评价的公正性和有效性，必须建立科学合理的音乐教学评价机制。

1. 明确评价标准和指标

在评价机制中，应首先明确评价的标准和指标。这些评价标准和指标应该全面、具体、可操作，能够真实反映学生的音乐素养、技能水平、创新能力等多个方面。例如，可以将学生的音乐理论知识掌握情况、乐器演奏技巧、音乐创作能力等都纳入评价标准和指标中。这样的评价标准和指标既全面又具体，有助于我们更加准确地了解学生的学习情况。

2. 采用多种评价方式和方法

除了明确评价标准和指标外，我们还应该采用多种评价方式和方法，以确保评价的全面性和客观性。例如，我们可以采用自我评价、同伴评价、教师评价等多种方式，让学生、同伴和教师都参与到评价中来。自我评价可以让学生更加了解自己的学习情况，同伴评价可以让学生相互学习、相互督促，而教师评价则可以更加专业、全面地了解学生的学习情况。多种评价方式和方法的结合使用，可以更加全面地了解学生的学习情况和教师的教学效果。

3. 确保评价的公正性和有效性

在建立音乐教学评价机制时，还需要特别注意评价的公正性和有效性。评价过程应该公开、透明，评价结果应该客观、准确。为了确保评价的公正性，可以建立评价监督机制，对评价过程进行监督和管理，并定期对评价机制进行修订和完善，以确保其始终能够适应音乐教育的发展需求。

（二）制定激励政策，激发教师的工作热情与创造力：鼓励创新，推动发展

激励政策是激发教师工作热情和创造力的重要手段。为了鼓励教师在音乐教学中取得更好的成绩和表现，我们可以制定一系列激励政策。

1. 优秀教师评选和教学成果奖励

学校可以定期开展优秀教师评选活动，对在音乐教学中表现突出的教师进行表彰和奖励。这些奖励可以包括荣誉证书、奖金、进修机会等，以鼓励教师在音乐教学中不断创新、不断进步，还可以设立教学成果奖励，对在音乐教学中取得显著成果的教师进行奖励。这样的激励政策可以极大地激发教师的工作热情和创造力，推动音乐教学的不断发展和进步。

2. 提供必要的支持和保障

除了直接的激励政策外，学校还可以为教师提供必要的支持和保障，以激发他们的工作热情和创造力。例如，学校可以提供充足的教学资源，如音乐器材、教学资料等，以确保教师能够顺利开展教学工作。同时，学校可以创造良好的教学环境，如提供舒适的教学场所、先进的教学设备等，以提高教师的教学效果和满意度。这些支持和保障措施可以让教师更加专注于教学工作，激发他们的工作热情和创造力。

3. 职称晋升和职业发展机会

职称晋升和职业发展机会也是激励教师工作热情和创造力的重要手段。学校可以建立完善的职称晋升制度，对在音乐教学中表现突出的教师进行职称晋升。同时，学校可以为教师提供职业发展机会，如参加学术研讨会、进修学习等，以提高教师的专业素养和教学能力。这些激励政策可以让教师更加有动力地投入音乐教学工作中，不断推动音乐教育的进步和发展。

第三节　初中音乐教学环境
对学生学习的影响

一个良好的音乐教学环境不仅能够给学生提供优质的学习体验，还能在无形中熏陶学生的艺术情操，提升他们的音乐素养和审美能力。

一、硬件环境对学生学习的影响

在音乐教学中，硬件环境起着至关重要的作用。它不仅影响着学生的学习体验和兴趣，还直接关系到学生音乐感知与表现能力的提升。

（一）良好的教室布局与设施能够提升学生的学习体验与兴趣

教室的布局与设施是音乐教学环境的基础，它们直接影响着学生的学习体验和兴趣。一个合理规划、布局合理的教室，能够为学生创造一个舒适、有序的学习环境，从而激发他们的学习热情和兴趣。

1. 教室布局的重要性

教室的布局对于学生的学习体验有着直接的影响。半圆形或马蹄形的座位排列，能够让学生更加集中注意力听教师讲解，也便于他们观察教师的示范动作。这样的布局不仅减少了学生之间的视线干扰，还使得教师能够更加方便地与学生进行互动，从而提高教学效果。同时，合理的教室布局能够减少外界因素的干扰，让学生更加专注于音乐学习。

2. 教室教学设施的作用

除了布局外，教室的教学设施也是影响学生学习体验的重要因素。配备必要的音乐教学设施，如钢琴、乐器、音响设备等，能够为学生提供更加丰富、多样的学习体验。例如，钢琴作为学生学习音乐的重要工具，其品质的好坏直接影响着学生的学习效果。一台高品质的钢琴能够让学生更加准确地感知音乐的音准和节奏，从而提升他们的演奏技巧。而音响设备则能够为学生提供更加清晰、逼真的音响效果，让他们更加深入地了解音乐的魅力。

（二）专业的音乐设备与声学环境有助于提高学生的音乐感知与表现能力

专业的音乐设备与声学环境是音乐教学环境的重要组成部分，它们对于提高学生的音乐感知与表现能力具有至关重要的作用。

1. 音乐设备的重要性

专业的音乐设备对于提高学生的音乐感知能力具有显著的作用。例如，高品质的钢琴能够让学生更加准确地感知音乐的音准和节奏，这对于他们的音乐学习至关重要。其他乐器，如小提琴、吉他等也需要具备良好的品质，以确保学生能够正确地感知音乐的音色和音质。

2. 声学环境的作用

除了音乐设备外，声学环境也是影响学生音乐感知与表现能力的重要因素。一个良好的声学环境能够让学生更加清晰地听到音乐的每一个细节，包括音乐的旋律、节奏、音色等。在这样的环境中学习，学生能够更加深入地理解音乐的内涵和情感，从而更好地表现音乐。同时，良好的声学环境能够减少噪声和回声的干扰，让学生更加专注地学习音乐。

二、软件环境对学生学习的影响

软件环境涵盖了教学资源、师资队伍、教学方法以及教学评价与激励机制等多个方面，它们共同作用于学生的学习过程，对学生的音乐学习产生深远的影响。

（一）丰富的教学资源能够拓宽学生的音乐视野与知识面

在音乐教学的软件环境中，教学资源是至关重要的组成部分。一个丰富多样的教学资源库，能够为学生提供广泛而深入的学习材料，极大地拓宽他们的音乐视野与知识面。

1. 激发学生的探索欲望与好奇心

丰富的教学资源还能激发学生的探索欲望和好奇心。当学生接触到多样化的音乐材料和表现形式时，他们会被吸引去深入探索音乐的奥秘。比如，一段引人入胜的教学视频可能会引发学生对某种音乐风格或乐器的浓厚兴趣，进而促使他们主动寻找更多的相关资料和学习机会。这种由资源引发的自主学习行为，对于培养学生的音乐素养和终身学习能力具有重要意义。

2. 拓宽音乐视野与知识面

通过学习丰富的教学资源，学生可以更加全面地了解音乐的历史、文化、风格等。他们不仅能够学习到音乐的理论知识和演奏技巧，还能深入了解音乐与社会、文化、历史的紧密联系。这样的学习过程不仅拓宽了学生的音乐视野，也使他们能够在更广阔的语境中理解和欣赏音乐。

（二）优秀的师资队伍与多样化的教学方法能够激发学生的学习兴趣与积极性

在音乐教学的软件环境中，师资队伍与教学方法是核心要素。优秀的师资队伍和多样化的教学方法，能够极大地激发学生的学习兴趣与积极性。

1. 师资队伍的专业素养与教学能力

优秀的师资队伍首先应具备专业的音乐素养和教学能力。他们不仅精通音乐理论和演奏技巧，还擅长将复杂的音乐知识以简洁明了的方式传授给学生。这样的教师能够根据学生的需求和特点制定个性化的教学方案，确保每个学生都能得到适合自己的学习指导。

2. 多样化的教学方法

采用多样化的教学方法是激发学生学习兴趣与积极性的关键。互动式教学、情境教学、项目式学习等方法都能够让学生在轻松愉快的氛围中学习音乐。例如，通过互动式教学，学生可以积极参与课堂讨论和表演活动，从而加深对音乐的理解和感受。情境教学则能够让学生在实际的音乐场景中学习和实践，使他们的学习更加贴近现实生活。

（三）良好的教学评价与激励机制能够增强学生的自信心与成就感

在音乐教学的软件环境中，教学评价与激励机制也是不可忽视的重要组成部分。科学合理的音乐教学评价机制结合有效的激励政策，能够极大地增强学生的自信心与成就感。

1. 教学评价机制的科学与合理性

科学合理的音乐教学评价机制是客观衡量和判断学生学习成果和表现的重要工具。它不仅关注学生的演奏技巧和理论知识掌握情况，还重视他们的学习态度、创新能力和团队协作能力等多个方面。这样的评价机制能够全面反映学生的学习状况和发展潜力，为他们提供有针对性的反馈和指导。

2. 激励政策的制定与实施

制定有效的激励政策是增强学生自信心与成就感的重要手段。优秀学生评选、教学成果展示、音乐会表演机会等激励措施能够让学生在取得进步和成绩时得到及时的肯定和奖励。这些激励政策不仅能够激发学生的竞争意识和进取心，还能让他们在实际的表演和展示中体验到成功的喜悦和成就感。

三、综合环境对学生全面发展的影响

音乐教学环境的整体建设起着举足轻重的作用。它不仅有助于培养学生的音乐素养与审美能力，还能促进学生的身心健康、情感发展及社交能力的提升。

（一）音乐教学环境的整体建设有助于培养学生的音乐素养与审美能力

音乐教学环境的整体建设是一个综合性的工程，它涵盖了硬件和软件环境的综合配置和优化。一个良好的音乐教学环境能够为学生提供优质的学习体验和丰富的教学资源，从而在无形中熏陶学生的艺术情操，提升他们的音乐素养与审美能力。

1. 优质的学习体验与丰富的教学资源

音乐教学环境的硬件建设包括音乐教室、音乐厅、录音室等专用设施的配置。这些设施为学生提供了良好的学习条件和实践机会。而软件环境则涵盖了教学资源、师资队伍、教学方法等方面。丰富多样的教学资源库能够让学生接触到多样化的音乐风格和表现形式，从而拓宽他们的音乐视野。同时，优秀的师资队伍和多样化的教学方法能够激发学生的学习兴趣和积极性，使他们在轻松愉快的氛围中学习音乐。

2. 熏陶艺术情操与提升音乐素养

在良好的音乐教学环境中学习，学生会更加深入地了解音乐的魅力和价值。他们不仅能够学习到音乐的理论知识和演奏技巧，还能通过参与各种音乐活动和实践机会，感受到音乐的魅力和表现力。这样的学习过程会让学生更加热爱和珍视音乐艺术，从而自发地提升自己的音乐素养。

3. 培养与提升审美能力

音乐教学环境的整体建设还有助于提升学生的审美能力。通过接触多样化的音乐风格和表现形式，学生能够学会如何欣赏和评价音乐作品，并逐渐发展出对音乐的独特见解和审美标准，从而在未来的生活和工作中更加自信和从容地面对各种审美挑战。

（二）促进学生身心健康、情感发展、社交能力及领导力的提升

除了对音乐素养和审美能力的提升外，音乐教学环境的整体建设还有助于促进学生的身心健康、情感发展及社交能力的提升。这是一个更加全面和深入的影响过程。

1. 促进身心健康与情感发展

音乐作为一种充满情感的艺术形式，它能够让学生在学习的过程中感受到美的熏陶和情感的共鸣。通过学习和演奏音乐作品，学生可以表达自己的情感和情绪，从而释放内心的压力和焦虑。同时，音乐能够激发学生的创造力和想象力，使他们在学习的过程中保持积极的心态和情绪。这样的学习过程有助于促进学生的身心健康和情感发展。

2. 锻炼社交能力与团队合作精神

通过参与各种音乐活动和合作表演等，学生可以锻炼自己的社交能力和团队合作精神。在音乐教学过程中，学生需要与他人进行沟通和协作，共同完成任务和表演。这样的过程需要学生学会倾听他人的意见、表达自己的观点、协调不同人的想法和行动等。这些经历不仅有助于学生的个人成长和发展，还能让他们在未来的生活和工作中更加自信和从容地面对各种社交挑战和机遇。

3. 培养领导力与组织能力

此外，音乐教学环境的整体建设还有助于培养学生的领导力和组织能力。在音乐活动中，学生需要扮演不同的角色和承担不同的责任。有些学生可能需要担任指挥或领队等领导角色，需要学会如何带领团队和协调团队行动。而有些学生则需要负责组织和管理音乐活动或表演等事务性工作。这些经历能够让学生锻炼自己的领导力和组织能力，为未来的生活和职业发展打下坚实的基础。

第四节　初中音乐教学环境的优化策略

初中音乐教学环境的优化是一个系统工程，涉及硬件设施的投入与更新、师生需求的满足与反馈、教学环境的维护与管理，以及家校合作的深化与拓展。

一、持续优化与更新：确保设施与资源的时代性与先进性

在探讨如何促进学生全面发展的过程中，音乐教学环境的持续优化与更新是不可或缺的重要环节。为了确保设施与资源的时代性与先进性，学校需要采取一系列积极有效的措施。

（一）加大对音乐教学环境建设的投入力度

音乐教学环境的优化与提升离不开持续而稳定的资金投入。学校作为音乐教育的主要承担者，应充分认识到音乐教学在学生全面发展中的重要性，将音乐教学环境建设纳入学校发展的整体规划之中。

1. 纳入学校发展规划，确保稳定资金投入

学校应将音乐教学环境建设视为一项长期而重要的任务，将其纳入学校的发展规划和年度预算中，通过设立专项基金、划拨固定比例的教育经费等方式，确保每年都有稳定的资金投入用于改善和升级音乐教学设施。这样的资金投入策略能够为音乐教学环境的持续优化提供坚实的

经济基础。

2. 积极争取政府和社会各界的支持

除了学校自身的资金投入外，学校还应积极争取政府和社会各界的支持，可以通过与政府部门建立合作关系、申请教育专项基金、寻求企业赞助等方式拓宽资金来源渠道。同时，学校可以利用社交媒体、校园宣传等渠道，提高社会对音乐教学环境建设的关注度，吸引更多的社会力量和资金支持。

3. 合理使用资金，注重效益与可持续性

在资金投入的过程中，学校应注重资金的使用效益和可持续性。要制订科学合理的预算方案，确保资金能够用在"刀刃"上。同时，要建立完善的资金监管机制，确保资金的使用过程公开透明，避免出现浪费和滥用的情况。这样的资金管理策略能够确保音乐教学环境建设的资金投入能够发挥最大的效益。

（二）确保设施与资源的不断更新与完善

随着科技的飞速发展和音乐教育理念的不断更新，音乐教学设施和资源也需要与时俱进，不断更新和完善。学校应作为这一更新过程的主导者，积极采取措施确保设施与资源的时代性与先进性。

1. 定期评估现有设施和资源的使用状况

学校应定期对现有的音乐教学设施和资源进行评估，了解它们的使用状况、存在的问题以及需要改进的地方，通过收集教师和学生的反馈意见、进行实地考察等方式，获取全面而准确的信息。这样的评估过程能够为后续的设施和资源更新提供有力的依据。

2. 及时淘汰过时或损坏的设备

在评估过程中，一旦发现过时或损坏的设备，学校应及时进行淘汰和更换。过时的设备可能无法满足现代音乐教学的需求，而损坏的设备

则可能影响教学的正常进行。因此，学校应制定明确的设备淘汰和更换标准，确保音乐教学设施始终保持在良好的状态。

3. 引进新的教学技术和资源

除了淘汰过时和损坏的设备外，学校还应积极引进新的教学技术和资源。例如，可以引入智能音乐教学系统，利用虚拟现实技术为学生提供更加沉浸式的音乐学习体验。同时，可以关注音乐教育领域的最新研究成果，及时将新的教学理念和方法融入教学环境中。这样的措施能够确保学生在一个充满活力和创新的教学环境中学习。

4. 关注教师培训和技能提升

在更新和完善音乐教学设施和资源的过程中，学校还应关注教师的培训和技能提升。新的教学技术和资源需要教师具备相应的操作和使用能力。因此，学校应定期组织教师参加培训和学习活动，提高他们的专业素养和教学能力，还可以鼓励教师积极探索和创新教学方法，将新的教学理念和技术更好地应用到实际教学中。

二、注重师生需求：以用户为中心，打造人性化教学环境

在探讨如何优化音乐教学环境的过程中，注重师生需求、以用户为中心的理念显得尤为重要。一个真正人性化的教学环境应当充分考虑师生的感受和需求，确保他们在使用过程中能够获得最佳的教学体验。

（一）充分了解师生对音乐教学环境的需求与反馈

优化音乐教学环境的第一步，就是深入了解师生的需求和反馈。这不仅是对他们意见的尊重，更是确保教学环境真正符合使用者期望的关键。

1. 采用多样化的收集渠道，确保信息全面性

为了全面了解师生的需求和反馈，学校需要采用多样化的收集渠

道。除了传统的问卷调查和座谈会，还可以利用现代通信工具，如社交媒体、在线论坛等，与师生进行实时互动。这样不仅可以覆盖更广泛的师生群体，还能确保收集到的信息更加全面和真实。

2. 关注细节，深入挖掘师生潜在需求

在收集信息的过程中，学校需要关注细节，深入挖掘师生的潜在需求。例如，对于教室的布局，除了考虑整体的空间规划，还需要关注每个座位的位置、光线、音响效果等细节。这些细节往往直接影响师生的教学和学习体验，因此不容忽视。

3. 及时反馈，建立有效的沟通机制

在收集到师生的需求和反馈后，学校需要及时给予反馈，并建立有效的沟通机制。这可以让师生感受到他们的意见被重视，也能确保学校在优化教学环境的过程中能够持续获得师生的支持和建议。

（二）及时调整与优化建设方案

了解师生的需求和反馈只是第一步，真正的挑战在于如何根据这些信息及时调整和优化音乐教学环境的建设方案。这需要学校具备敏锐的洞察力和高效的执行力。

1. 灵活应对，快速响应师生需求

学校需要建立一种灵活应对的机制，确保在收到师生的反馈后能够迅速作出反应。例如，如果师生反映教室的音响效果不佳，学校应该立即安排技术人员进行检测和调试，确保问题能够及时得到解决。这种快速响应的能力是打造人性化教学环境的重要保障。

2. 持续优化，确保教学环境与时俱进

除了快速响应师生的需求，学校还需要持续优化音乐教学环境，确保其与时俱进。随着科技的发展和音乐教育理念的更新，教学环境也需要不断进行调整和完善。例如，学校可以定期引进新的教学技术和设备，为师生提供更加先进和便捷的教学条件。

3. 注重实效，确保优化方案落地执行

在调整和优化建设方案的过程中，学校需要注重实效，确保优化方案能够真正落地执行。这需要建立一套完善的执行和监督机制，确保每个环节都能够按照计划顺利进行。同时，学校需要定期对优化方案进行评估和调整，确保其始终符合师生的需求和期望。

三、加强管理与维护：确保教学环境的安全与稳定

在构建和优化音乐教学环境的过程中，加强管理与维护是确保教学环境安全与稳定的关键环节。

（一）建立完善的教学环境管理制度

教学环境的管理制度是确保教学环境有序、高效运行的基础。学校需要从多个方面入手，制定出一套全面、细致、可行的管理制度。

1. 制定明确的管理制度与规章

学校应根据音乐教学环境的实际需求和特点，制定明确的管理制度与规章。这些制度可以涵盖教室使用规定、设施借用流程、教学资源管理制度等多个方面。例如，教室使用规定可以明确教室的使用时间、使用方式、使用责任等；设施借用流程可以规定如何借用、归还、损坏赔偿等；教学资源管理制度则可以明确教学资源的采购、分配、使用、更新等流程。

2. 加强制度执行情况的监督与检查

制定管理制度只是第一步，更重要的是确保这些制度得到有效执行。学校应加强对制度执行情况的监督和检查，确保师生都能严格遵守制度规定。为此，学校可以设立专门的教学环境管理小组，负责定期检查和评估教学环境的运行状况以及制度执行情况。同时，学校可以鼓励

师生参与教学环境的监督和管理，共同维护良好的教学环境。

3. 建立有效的反馈与改进机制

任何管理制度都不可能一开始就完美无缺，都需要在实践中不断完善和优化。因此，学校应建立有效的反馈与改进机制，鼓励师生对教学环境管理制度提出意见和建议。学校可以通过定期召开座谈会、设置意见箱等方式，收集师生的反馈意见，并及时对管理制度进行修订和完善。

（二）定期进行设施检查与维护

音乐教学环境的设施和设备是教学环境的重要组成部分，它们的状况直接影响教学环境的安全和稳定。因此，学校必须定期进行设施检查与维护，确保它们始终保持在最佳状态。

1. 建立专业的设施维护团队

学校应建立专业的设施维护团队，负责定期检查和维护音乐教学环境的设施和设备。这个团队应具备专业的技能和知识，能够及时发现并处理设施存在的问题和隐患。同时，学校应为设施维护团队提供必要的培训和支持，确保他们能够胜任这项工作。

2. 制订详细的设施检查与维护计划

为了确保设施检查与维护工作的有序进行，学校需要制订详细的计划。这个计划可以包括检查的时间表、检查的内容、检查的标准、维护的流程等。通过制订这样的计划，学校可以确保设施检查与维护工作的全面性和系统性。

3. 及时处理设施存在的问题与隐患

在设施检查过程中，一旦发现设施存在问题或隐患，学校应及时进行处理。对于一些小问题，如电线裸露、乐器松动等，维护团队可以立即进行修复。对于一些大问题，如音响设备故障、教室结构损坏等，学校则需要及时联系专业机构进行维修或更换。同时，学校应建立设施问题与隐患的记录和追踪机制，确保每个问题都能得到妥善解决。

4. 定期对教室进行清洁与消毒

除了设施检查与维护外，学校还应定期对教室进行清洁和消毒。这不仅可以确保教学环境的卫生和健康，还可以延长设施的使用寿命。学校可以制定教室清洁与消毒的时间表和标准，并安排专人进行这项工作。同时，学校可以鼓励师生参与教室的清洁与消毒工作，共同维护一个良好的教学环境。

四、促进家校合作：共同关注音乐教学环境建设与学生发展

在音乐教育领域，家校合作对于优化音乐教学环境、促进学生全面发展具有重要意义。学校与家庭是孩子成长的两大主要环境，家校紧密合作能够共同为孩子的音乐学习和发展创造更加有利的条件。

（一）加强与家长的沟通与合作

加强与家长的沟通与合作是优化音乐教学环境、促进学生发展的基础。学校需要积极与家长建立联系，共同为孩子的音乐学习创造一个良好的环境。

1. 建立有效的家校沟通机制

为了加强与家长的沟通，学校需要建立有效的家校沟通机制。这可以包括定期召开家长会，向家长介绍学校音乐教学环境的建设情况、教学理念、课程设置等，让家长更加了解学校的教学工作。同时，学校可以设立家校联系册或在线沟通平台，方便家长随时与学校进行交流和反馈。通过这些沟通机制，学校可以及时了解家长的需求和意见，为优化音乐教学环境提供有力支持。

2. 共同探讨优化音乐教学环境的策略

在与家长沟通的过程中，学校可以积极听取家长对音乐教学环境的意见和建议。家长作为孩子的第一任老师，他们对孩子的学习环境和需求有着深刻的了解。因此，学校可以邀请家长共同参与探讨优化音乐教学环境的策略，如教室布局、教学设施、教学资源等方面的改进。通过家校合作，学校可以更加全面地了解教学环境中的问题和挑战，并制订出更加切实可行的优化方案。

3. 分享学生在校表现，促进家校共育

加强与家长的沟通还包括定期分享学生在校的表现和进步。学校可以通过家校联系册、在线平台或面谈等方式，及时向家长反馈孩子在音乐学习上的成绩、问题和进步。同时，学校可以鼓励家长分享孩子在家庭中的音乐学习情况和表现，以便学校更加全面地了解孩子的音乐素养和发展需求。通过家校共育，学校可以更加有针对性地制订教学计划和环境优化方案，促进孩子的全面发展。

（二）鼓励家长参与学校音乐活动

鼓励家长参与学校音乐活动是营造良好家庭音乐氛围、促进学生发展的重要途径。学校需要积极组织各种音乐活动，并邀请家长参与其中。

1. 举办音乐会、音乐节等活动

学校可以定期举办音乐会、音乐节等大型音乐活动，展示学生的音乐才华和学校的教学成果。同时，学校可以邀请家长前来观看和参与这些活动，让他们更加深入地了解孩子的音乐学习情况和学校的教学环境。通过这些活动，家长可以更加直观地感受到学校音乐教学环境的氛围和质量，从而更加积极地支持和配合学校的工作。

2. 组织亲子音乐活动

除了大型音乐活动外，学校还可以组织亲子音乐活动，如亲子音乐创作、亲子音乐表演等。这些活动可以让家长和孩子一起参与音乐学习和实践，增进亲子关系，同时提升孩子的音乐素养和表现能力。家长通过参加亲子音乐活动，可以更加深入地了解孩子的音乐兴趣和需求，为家庭音乐氛围的营造提供有力支持。同时，孩子可以在家庭中得到更多的音乐学习和实践机会，进一步促进他们的全面发展。

3. 利用家长资源，丰富学校音乐教学

学校还可以积极利用家长资源，丰富学校音乐教学。例如，邀请具有音乐才能的家长来学校进行音乐讲座或辅导学生，或者组织家长和学生共同参与的音乐项目或比赛等。这些活动不仅可以让学生接触到更多的音乐知识和文化，还可以增强家长与学校之间的联系和合作。同时，这也可以激励更多家长参与到学校音乐教学环境的建设中来。

第八章

初中音乐教学与其他
学科的融合

第一节　初中音乐教学与语文学科的融合

在当今教育改革的浪潮中，跨学科教学已成为一种重要的教学趋势。初中音乐教学与语文学科的融合，不仅有助于丰富教学内容，还能激发学生的学习兴趣，培养他们的综合素养。

一、融合内容与方法

在初中教育阶段，音乐教学与语文学科的融合具有独特的优势和深远的意义。两者都侧重于情感表达与审美体验，这为它们的有机融合提供了天然的基础。融合教学可以引导学生更加深入地理解诗词的内涵与情感，感受文学作品的魅力，并探讨不同艺术形式中共同的主题与情感。

（一）诗词吟唱：深化诗词理解与情感体验

古诗词是中华文化的瑰宝，其语言凝练、意境深远，蕴含着丰富的情感与哲理。通过吟唱的方式，将古诗词与音乐结合，可以让学生更加深入地理解诗词的内涵与情感，体验诗词的音韵美。

1. 诗词选择与旋律编排

在诗词吟唱活动中，首先要选择适合初中生年龄特点和认知水平的古诗词。例如，《静夜思》《水调歌头》等经典诗词，语言优美、情感真挚，易于引发学生的共鸣。同时，为这些诗词配以简单的旋律，使其既符合诗词的意境，又便于学生吟唱。旋律的编排应注重与诗词情感的契合，通过音乐的起伏、节奏的变化，引导学生感受诗词中的情感波动。

2. 吟唱技巧与情感表达

在吟唱过程中，教师应指导学生掌握基本的吟唱技巧，如发音准确、节奏稳健等，更重要的是引导学生将诗词中的情感融入吟唱之中，使吟唱不仅是声音的传递，更是情感的流露。教师可以通过示范、模仿、练习等方式，帮助学生逐步掌握吟唱的技巧和情感表达的方法。

3. 诗词内涵的深入探讨

吟唱之后，教师可以引导学生对诗词的内涵进行深入探讨。可以围绕诗词的主题、意象、情感等方面展开讨论，鼓励学生发表自己的观点和感受，进一步加深学生对诗词的理解和记忆。

（二）文学作品音乐化：直观感受文学作品魅力

文学作品中的经典片段往往具有深刻的情感表达和丰富的想象力。将这些片段改编成音乐作品，可以让学生更加直观地感受到文学作品的魅力，增强对文学作品的兴趣和理解。

1. 文学作品片段的选择与改编

在文学作品音乐化的过程中，首先要选择适合改编成音乐作品的文学片段。这些片段应具有鲜明的情感色彩和生动的形象描绘，如《红楼梦》中的《葬花吟》，《西游记》中的《敢问路在何方》等。随后，根据这些片段的内容和情感，创作或改编成歌曲或器乐曲，使其既保留文学作品的原味，又具有音乐的独特魅力。

2. 音乐作品的表演与欣赏

改编完成后，教师可以组织学生进行音乐作品的表演与欣赏。通过表演，学生可以更加深入地理解文学作品的情感与内涵，并通过音乐的形式将其表达出来。同时，欣赏其他同学或专业艺术家的表演可以让学生感受到不同人对同一文学作品的不同理解和表达方式，拓宽他们的艺术视野。

3. 文学作品与音乐作品的对比分析

在表演与欣赏之后，教师可以引导学生对文学作品与音乐作品进行对比分析，探讨两者在表达方式、情感传递、形象塑造等方面的异同点，以及音乐作品如何对文学作品进行补充和丰富。学生通过这样的对比分析，可以更加全面地理解文学作品与音乐作品之间的内在联系和相互补充的关系。

（三）音乐与文学主题探讨：全面理解艺术形式的情感与内涵

围绕某一文学主题，结合音乐作品进行深入探讨与分析，是一种有效的融合教学方式。通过这种方式，学生可以更加全面地理解不同艺术形式中共同的主题与情感，增强他们的跨学科思维和综合素养。

1. 主题的选择与音乐作品的匹配

在选择主题时，教师应考虑初中生的年龄特点和认知水平，选择具有普遍性和深刻性的主题，如"爱国情怀""自然之美"等，再根据主题选择相关的古诗词和音乐作品进行匹配。例如，在"爱国情怀"这一主题下，可以选择古诗词《满江红》和音乐作品《黄河大合唱》进行匹配。

2. 探讨与分析方法的指导

在探讨与分析过程中，教师应指导学生掌握基本的探讨与分析方法。例如，可以从音乐作品的旋律、节奏、音色等方面入手，分析音乐作品如何表达爱国情怀；同时，可以从古诗词的语言、意象、情感等方面入手，分析古诗词中爱国情怀的表达方式。通过这样的指导，学生可以更加深入地理解不同艺术形式中共同的主题与情感。

3. 跨学科思维的培养与拓展

在探讨与分析之后，教师可以引导学生进一步拓展思维，思考不同艺术形式在表达同一主题时的异同点以及相互之间的补充和丰富关系。例如，可以引导学生思考音乐作品如何通过旋律和节奏的变化来传达爱国情怀的起伏和变化，而古诗词又是如何通过精练的语言和生动的意象来描绘爱国情怀的深刻和丰富。这样的拓展思考可以培养学生跨学科思维和综合素养。

二、案例分析

（一）教学目标与导入环节的精妙设计

在《静夜思》吟唱教学案例中，教学目标明确且富有深意。吟唱这一形式不仅旨在加深学生对古诗词的理解与记忆，更在于培养学生的音乐素养和审美情趣，实现音乐与语文学科的有机融合。导入环节作为教学的开端，其设计至关重要。教师巧妙地播放《静夜思》的配乐朗诵，通过音乐的烘托和渲染，引导学生初步感受诗词的音韵美和意境美。这一环节的设计既激发了学生的学习兴趣，又为后续的吟唱教学奠定了坚实的基础。

1. 教学目标的具体化与深远意义

教学目标是教学活动的出发点和归宿，对于整个教学过程具有导向作用。在《静夜思》吟唱教学案例中，教学目标被具体化为"通过吟唱加深对古诗词的理解与记忆"以及"培养学生的音乐素养和审美情趣"。这两个目标相辅相成，既注重学生对古诗词的掌握，又强调学生音乐素养和审美情趣的提升，体现了融合教学的核心理念。

2. 导入环节的巧妙设置与教学效果

导入环节是教学活动的开端，其设计对于整个教学过程具有重要影响。在《静夜思》吟唱教学案例中，教师选择播放配乐朗诵作为导入，通过音乐的烘托和渲染，引导学生初步感受诗词的音韵美和意境美。这种巧妙的设计不仅激发了学生的学习兴趣，还使学生在轻松愉快的氛围中进入了学习状态，为后续的吟唱教学奠定了坚实的基础。

（二）吟唱教学的实施与情感表达的指导

吟唱教学是整个案例的核心环节，也是实现音乐与语文学科融合的关键。在这一环节中，教师不仅教授了《静夜思》的吟唱旋律，还注重指导学生把握诗词的情感表达和节奏韵律，使学生在吟唱过程中能够深刻体会诗词的内涵和情感。

1. 吟唱旋律的教授与模仿学习

在吟唱教学环节中，教师首先教授了《静夜思》的吟唱旋律，引导学生进行模仿和学习。通过反复地练习和模仿，学生逐渐掌握吟唱的旋律和节奏，为后续的表演与欣赏打下了坚实的基础。在这一过程中，教师注重对学生的个别指导，确保每个学生都能够准确掌握吟唱的旋律和节奏。

2. 情感表达与节奏韵律的指导

除了教授吟唱旋律外，教师还特别注重指导学生把握诗词的情感表达和节奏韵律。在吟唱过程中，教师引导学生深入理解诗词的内涵和情感，并通过音乐的起伏、节奏的变化来传达这些情感，同时还指导学生注意诗词的节奏韵律，确保吟唱既符合音乐的规律又能够准确表达诗词的情感。

（三）表演与欣赏：学生实践与教师评价的结合

表演与欣赏环节是教学活动的重要组成部分，也是学生展示学习成果、互相学习和提高的重要环节。在这一环节中，学生分组进行《静夜思》的吟唱表演，互相欣赏和评价。教师则对学生的表演给予肯定和鼓励，并提出改进意见，帮助学生在实践中不断提高。

1. 学生分组表演与互相评价

在表演与欣赏环节中，学生被分成若干小组进行《静夜思》的吟唱表演。每个小组都充分展示了自己的学习成果，通过吟唱来表达对诗词的理解和情感。表演结束后，小组之间互相欣赏和评价，指出彼此的优点和不足，共同学习和提高。

2. 教师的肯定、鼓励与改进意见

在学生表演过程中，教师始终给予肯定和鼓励，增强学生的自信心和学习动力。同时，教师也针对学生的表演提出具体的改进意见，帮助学生在实践中不断提高。教师的评价既注重学生的表演技巧，也关注学生的情感表达和审美情趣，体现了融合教学的全面性和深入性。

（四）总结与拓展：深化理解与自主学习

总结与拓展环节是教学活动的收尾部分，也是巩固学习成果、深化理解和促进自主学习的重要环节。在这一环节中，教师总结本节课的学习内容，引导学生思考音乐与古诗词之间的联系和差异，同时还推荐一些其他的古诗词吟唱作品，鼓励学生进行自主学习和探索。

1. 对本节课学习内容的总结与回顾

在总结与拓展环节中，教师首先对本节课的学习内容进行了全面的总结和回顾，使学生更加清晰地认识到自己在本节课中的学习成果和不足之处，为后续的学习和改进提供了明确的方向。

2. 引导学生思考音乐与古诗词的联系与差异

除了总结学习内容外，教师还引导学生深入思考音乐与古诗词之间的联系和差异，使学生更加深入地理解了音乐与古诗词之间的内在联系和相互补充的关系，也认识到了两者在表达方式、情感传递等方面的差异。这种思考不仅有助于学生对本节课学习内容的深化理解，也为他们后续的自主学习和探索提供了有益的启示。

3. 推荐其他古诗词吟唱作品与鼓励自主学习

为了促进学生的自主学习和探索，教师还推荐了一些其他的古诗词吟唱作品。这些作品既与本节课的学习内容相关联，又具有一定的拓展性和挑战性。学生通过自主学习和探索这些作品既可以进一步巩固和深化本节课的学习成果，又可以拓宽自己的艺术视野和审美情趣。同时，这种自主学习和探索的过程有助于培养学生的创新意识和实践能力。

三、融合教学的挑战与对策

（一）挑战一：教学资源整合的困境与突破

融合教学作为一种创新的教学模式，其核心在于将不同学科的教学资源进行有机整合，以实现教学效果的最大化。然而，在实际操作过程中，教学资源的整合往往面临诸多困境。

1. 资源整合的难度与复杂性

音乐教学与语文学科虽然都属于人文艺术领域，但它们在教学内容、教学方法、教学资源等方面存在显著差异。因此，将这两个学科的教学资源进行整合，需要教师进行深入的教材分析和教学设计，以确保整合后的教学资源能够满足学生的学习需求，同时体现两个学科的特点和优势。然而，这一过程往往耗时费力，且需要教师具备较高的专业素养和教学能力。

2. 教学资源库的建设与共享

为了应对教学资源整合的挑战，学校可以建立跨学科教学资源库，将音乐与语文的教学资源进行整合和共享。这需要学校投入一定的人力、物力和财力，对教学资源进行分类、整理、标注和存储，以便教师和学生能够方便地查找和使用。同时，学校可以利用现代信息技术手段，如云计算、大数据等，实现教学资源的在线共享和实时更新，提高教学资源的利用效率和质量。

3. 身边教学资源的开发与利用

除了学校提供的教学资源外，教师还可以积极开发和利用身边的教学资源，如网络资源、社区资源等。网络资源具有丰富性、多样性和时效性的特点，可以为融合教学提供大量的素材和案例。而社区资源则具有地域性、文化性和实践性的特点，可以让学生在实际生活中体验和感受音乐与语文的魅力。通过开发和利用这些身边的教学资源，教师可以丰富融合教学的内容和方法，提高学生的学习兴趣和积极性。

（二）挑战二：教学方法创新的探索与实践

教学方法是实现教学目标的重要手段，也是影响教学效果的关键因素。在融合教学中，创新的教学方法对于适应不同学科的特点和需求、激发学生的学习兴趣和积极性具有至关重要的作用。

1. 情境教学法的应用

情境教学法是一种通过创设具体情境来引导学生学习和探究的教学方法。在融合教学中，教师可以创设和音乐与语文相关的情境，让学生在情境中感受和理解两个学科的内在联系和相互补充的关系。例如，教师可以选取一首古诗词作为教学素材，通过配乐朗诵、吟唱等方式让学生感受诗词的音韵美和意境美，同时引导学生分析诗词中的音乐元素和表现手法。

2. 合作学习法的实施

合作学习法是一种通过小组合作来完成学习任务的教学方法。在融合教学中，教师可以组织学生进行小组合作学习，让他们在小组中共同探究音乐与语文的交叉点和融合点。例如，教师可以让学生选取一首歌曲或一段乐曲作为研究对象，分析其中的歌词、旋律、节奏等音乐元素与语文元素的相互关系和作用。通过小组合作学习，学生可以相互启发、相互补充、相互评价，共同提高融合学习的效果和质量。

3. 探究式学习法的推广

探究式学习法是一种通过引导学生自主探究和发现知识的教学方法。在融合教学中，教师可以鼓励学生自主探究音乐与语文的交叉点和融合点，让他们在实践中发现问题、解决问题、获得新知。例如，教师可以让学生自主选取一首古诗词进行配乐创作，或改编成歌曲等形式的探究活动。通过探究式学习法，学生可以培养自己的创新意识和实践能力，同时可以加深对音乐与语文两个学科的理解和掌握。

第二节　初中音乐教学与美术学科的融合

在初中教育阶段，音乐与美术作为两门重要的艺术学科，不仅各自承载着独特的审美教育功能，还具备相互融合、相互促进的潜力。将音乐教学与美术学科进行有机融合，不仅可以丰富教学内容，还能拓宽学生的艺术视野，激发他们的创造力和想象力。

一、融合内容与方法

在初中音乐教学与美术学科的融合中，我们可以探索多种内容和方法，以促进学生的全面发展。

（一）音乐与绘画结合：探索情感与意境的交融

音乐与绘画，作为艺术的两大重要表现形式，它们之间存在着一种天然的联系。音乐通过声音来传达情感和意境，而绘画则通过色彩和线条来描绘形象和场景。在初中音乐教学与美术学科的融合中，我们可以引导学生将音乐作品的情感与意境与绘画创作相结合，从而促进他们对音乐作品的深入理解和绘画技能的提升。

1. 以音乐为灵感，激发绘画创作

在音乐教学中，教师可以选择具有鲜明情感和意境的音乐作品，引导学生聆听并感受其中的情感表达和意境描绘。然后，鼓励学生以这些

音乐作品为灵感，进行绘画创作。例如，在欣赏《黄河大合唱》时，学生可以感受到音乐的磅礴气势和爱国情怀。在教师的引导下，他们可以尝试用画笔描绘出黄河的壮丽景象和人民的英勇形象，将音乐的情感与意境转化为绘画作品。

2. 分析音乐作品，指导绘画表现

为了让学生更好地将音乐与绘画相结合，教师可以对音乐作品进行深入的分析，指导学生理解其中的情感变化和意境描绘。然后，引导学生思考如何用绘画来表现这些情感和意境。例如，在欣赏一首描绘自然风光的音乐作品时，教师可以引导学生分析音乐中的旋律、节奏和音色，让他们感受音乐所描绘的自然风光的美丽和宁静，然后指导学生用绘画来表现这种美丽和宁静，如选择柔和的色调和细腻的笔触来描绘自然风光。

3. 融合音乐与绘画，提升艺术表现力

通过音乐与绘画的结合，学生不仅可以更深入地理解音乐作品，还能提升他们的绘画技能和艺术表现力。在绘画创作过程中，学生需要思考如何将音乐的情感与意境转化为绘画作品，这需要他们具备一定的绘画技能和艺术表现力。通过不断的练习和实践，学生可以逐渐提升自己的绘画技能和艺术表现力，更好地将音乐与绘画相结合。

（二）音乐与雕塑、建筑艺术关联：探索节奏、旋律与形式的共鸣

音乐作品中的节奏、旋律与雕塑、建筑艺术之间也存在着紧密的联系。在初中音乐教学与美术学科的融合中，教师可以引导学生探讨音乐作品中的节奏、旋律与雕塑、建筑艺术的共同之处，从而让他们更加全面地理解艺术的多样性和相互关联性。

1. 发现音乐与雕塑、建筑艺术的共同元素

可以选择具有鲜明节奏和旋律的音乐作品，引导学生聆听并感受其中的节奏感和旋律美。然后，引导学生思考雕塑和建筑艺术中是否存在类似的元素。例如，在欣赏贝多芬的《命运交响曲》时，学生可以发现音乐中的节奏与雕塑中的动态线条有着相似之处，都是通过起伏、转折来表达情感和力量。同时，建筑艺术中的对称、平衡和比例也与音乐作品中的结构和韵律相呼应。

2. 探讨音乐与雕塑、建筑艺术的相互关联性

为了让学生更加深入地理解音乐与雕塑、建筑艺术之间的关联，教师可以组织一些探讨活动。例如，可以引导学生分析一首音乐作品的结构和韵律，并让他们思考如何用雕塑或建筑的形式来表现这种结构和韵律。反过来，也可以让学生观察一座雕塑或建筑的形式美，并让他们思考如何用音乐来表现这种形式美。通过这样的探讨活动，学生可以更加全面地理解艺术之间的多样性和相互关联性。

3. 融合音乐与雕塑、建筑艺术，培养创新思维

通过音乐与雕塑、建筑艺术的融合教学，教师可以培养学生的创新思维和跨界合作能力。例如，可以组织学生进行一些跨界创作活动，让他们尝试将音乐作品与雕塑或建筑作品相结合，创作出具有独特艺术魅力的跨界作品。这样的教学活动可以激发学生的创新思维和想象力，让他们更加深入地理解艺术之间的多样性和相互关联性。

（三）多媒体艺术展示：探索艺术与科技的结合

随着科技的发展，多媒体技术为艺术展示提供了更多的可能性。在初中音乐教学与美术学科的融合中，教师可以利用多媒体技术将音乐与美术作品进行融合展示，以增强艺术感染力，激发学生的创新思维和审美能力。

1. 利用多媒体技术融合音乐与美术作品

可以利用多媒体技术将音乐作品与美术作品进行融合展示。例如，可以制作一个音乐与绘画相结合的多媒体作品，让学生在欣赏音乐的同时，观看与之相配的绘画作品的动态展示。这样的教学方式可以让学生更加直观地感受到音乐与绘画之间的内在联系和相互补充的关系。

2. 创新多媒体艺术展示形式

除了将音乐作品与美术作品进行简单的融合展示外，还可以创新多媒体艺术展示形式。例如，可以利用虚拟现实技术创建一个虚拟的艺术空间，让学生在其中自由探索音乐与美术作品的融合之美。同时，可以利用交互式多媒体技术制作一些互动式的艺术装置，让学生在与装置的互动中体验音乐与美术的融合之美。

3. 激发学生的创新思维和审美能力

多媒体艺术展示的教学方式，可以激发学生的创新思维和审美能力。在观看和体验多媒体艺术展示的过程中，学生需要思考如何将音乐与美术作品进行融合展示，这需要他们具备一定的创新思维和审美能力。同时，多媒体艺术展示可以让学生更加深入地理解艺术与科技之间的结合，为他们的未来艺术创作提供更多的可能性。

二、案例分析

（一）音乐欣赏：引导学生感受音乐的意境美

在《春江花月夜》音乐与绘画融合教学的案例中，音乐欣赏是教学的第一步，也是至关重要的一步。通过播放古筝曲《春江花月夜》，教师引导学生闭眼聆听，全身心地感受音乐的节奏、旋律和意境。这一环节的教学设计，旨在让学生初步接触并深入理解音乐作品，为后续的绘画创作打下坚实的基础。

1. 引导学生闭眼聆听，全身心感受音乐

在音乐欣赏环节，教师特别要求学生闭眼聆听，这是为了让学生

更加专注地感受音乐的每一个细节。闭眼聆听的方式,能够减少视觉干扰,让学生更加专注地沉浸在音乐的世界中,从而更好地把握音乐的节奏、旋律和意境。

2. 分析音乐的节奏、旋律和意境

在引导学生聆听音乐的过程中,教师还注重对音乐的节奏、旋律和意境进行深入的分析。节奏是音乐的骨架,旋律是音乐的灵魂,而意境则是音乐的情感表达。通过对这三个方面的分析,学生能够更加全面地理解音乐作品,为后续的绘画创作提供丰富的素材和灵感。

3. 引导学生表达自己对音乐的感受和想象

在音乐欣赏环节,教师还鼓励学生表达自己对音乐的感受和想象。每个学生都有自己的音乐审美和情感体验,通过表达自己的感受和想象,学生能够更加深入地理解音乐作品,同时能够为后续的绘画创作提供更多的个性化元素。

(二)绘画创作:尝试用画笔描绘音乐中的景象

在《春江花月夜》音乐与绘画融合教学的案例中,绘画创作是教学的核心环节。通过引导学生根据音乐的感受,用画笔在纸上描绘出春江、花月、夜空的景象,学生能够将音乐的意境美转化为绘画作品,从而实现音乐与绘画的完美结合。

1. 引导学生根据音乐的感受进行绘画创作

在绘画创作环节,教师注重引导学生根据音乐的感受进行创作。每个学生都有自己的音乐体验和情感表达,通过将这些体验和表达转化为绘画作品,学生能够更加深入地理解音乐作品,同时能够提升自己的绘画技能和艺术表现力。

2. 鼓励学生自由发挥,表达自己的感受和想象

在绘画创作过程中,教师还鼓励学生自由发挥,表达自己的感受和想象。绘画是一种个性化的艺术表达方式，学生通过自由发挥和个性化表达，能够更加深入地探索自己的内心世界，也能够创造出更加独特和富有创意的绘画作品。

3. 指导学生掌握绘画技巧和表现方法

在绘画创作过程中，教师还注重指导学生掌握绘画技巧和表现方法。绘画技巧是绘画创作的基础，而表现方法则是绘画创作的灵魂。通过掌握绘画技巧和表现方法，学生能够更加准确地描绘出音乐中的景象，同时能够提升自己的绘画水平和艺术表现力。

（三）作品展示与评价：互相欣赏和评价，提升艺术表现力

在《春江花月夜》音乐与绘画融合教学的案例中，作品展示与评价是教学的重要环节。通过将自己的绘画作品进行展示，并互相欣赏和评价，学生能够更加深入地了解自己的作品和他人的作品，从而提升自己的艺术表现力。

1. 组织学生进行作品展示和交流

在作品展示环节，教师组织学生进行作品展示和交流。每个学生都有自己的绘画作品和创作心得，通过展示和交流，学生能够更加深入地了解自己的作品和他人的作品，从而拓宽自己的艺术视野，加深自己的审美体验。

2. 引导学生互相欣赏和评价作品

在作品展示过程中，教师还引导学生互相欣赏和评价作品。每个学生都有自己的审美标准和评价标准，通过互相欣赏和评价，学生能够更加客观地了解自己的作品和他人的作品，从而提升自己的审美能力和评价能力。

3. 教师给予肯定和鼓励，提出改进意见

在作品展示和评价过程中，教师还注重给予学生肯定和鼓励，并提出改进意见。教师的肯定和鼓励能够增强学生的自信心和创作热情，而教师提出的改进意见则能够帮助学生发现自己的不足和提升空间，从而更加努力地提升自己的绘画技能和艺术表现力。

三、融合教学的挑战与对策

在实施音乐与美术学科融合教学的过程中，我们也会遇到一些挑战。以下是一些主要的挑战以及相应的对策与建议。

（一）挑战一：学生艺术素养差异及其对策

在实施音乐与美术学科融合教学的过程中，学生艺术素养的差异是一个不容忽视的挑战。由于家庭背景、生活经历和学习经历的不同，学生在艺术方面的天赋、兴趣和积累也会有所差异。这种差异可能会导致在融合教学中，部分学生难以跟上教学进度，而部分学生则可能觉得教学内容过于简单，无法满足他们的学习需求。

1. 分层教学策略的实施

为了应对学生艺术素养差异带来的挑战，教师可以采用分层教学的策略。首先，教师可以通过测试、问卷调查等方式，了解学生在音乐和美术方面的素养水平。其次，教师可以根据学生的素养水平，将他们分为不同的层次，进行分组教学。这样，教师就可以针对不同层次的学生，规划不同的教学目标和教学计划，确保每个学生都能在融合教学中得到适合自己的发展。

2. 互助学习的推广

除了分层教学，教师还可以鼓励学生之间进行互助学习。在艺术素养较高的学生和较低的学生之间建立互助学习小组，让他们在学习过程中互相帮助、互相促进。这不仅可以提高较低素养学生的艺术水平，还可以让较高素养的学生在帮助他人的过程中，进一步巩固和提升自己的艺术能力。

3. 个性化教学的探索

在实施融合教学的过程中，教师还可以积极探索个性化教学的途径。例如，教师可以根据学生的兴趣和特长，为他们提供个性化的学习建议和指导。同时，教师可以鼓励学生根据自己的兴趣和目标，自主选择学习内容和学习方式，让融合教学更加符合学生的个性化需求。

（二）挑战二：教学资源整合难度及其对策

音乐与美术学科的融合教学需要整合两个学科的教学资源，这可能会带来一定的难度。因为音乐和美术学科有着各自独特的教学体系和教学资源，如何将这些资源进行有效的整合和利用，是融合教学面临的一个重要挑战。

1. 跨学科教学资源库的建立

为了应对教学资源整合的难度，教师可以建立跨学科的教学资源库。这个资源库可以包括音乐和美术学科的教材、教案、课件、视频、音频等各种教学资源。通过将这些资源进行整合和共享，教师可以更加方便地获取所需的教学资源，提高融合教学的效率和质量。

2. 身边教学资源的开发和利用

除了建立跨学科的教学资源库，教师还可以积极开发和利用身边的教学资源。例如，教师可以利用网络资源，搜索和下载与融合教学相关的音乐和美术作品、教学案例等，也可以利用社区资源，如当地的美术馆、音乐厅等，组织学生进行实地考察和学习，丰富融合教学的内容和形式。

3. 教学资源的创新和应用

在实施融合教学的过程中，教师还可以积极探索和创新教学资源的应用方式。例如，教师可以利用多媒体技术，将音乐和美术作品进行数字化处理，制作成生动有趣的课件和动画，吸引学生的注意力，也可以鼓励学生参与到教学资源的创作中来，让他们根据自己的理解和想象，创作出独特的音乐和美术作品，增强融合教学的互动性和创造性。

（三）挑战三：教师跨学科教学能力及其对策

融合教学需要教师具备跨学科的教学能力和素养。然而，现实中很多教师可能只擅长自己的学科领域，对于其他学科的教学可能不太熟悉。这种跨学科教学能力的缺失，可能会成为融合教学的一个瓶颈。

1. 教师培训和学习的加强

为了提升教师的跨学科教学能力，学校可以加强教师的培训和学习，如组织教师参加跨学科的教学研讨会、培训班等活动，让他们了解其他学科的教学理念和教学方法，也可以鼓励教师自学其他学科的知识和技能，拓宽自己的知识面和教学视野。

2. 跨学科教学研究和交流活动的参与

除了加强培训和学习，教师还可以积极参与跨学科的教学研究和交流活动。例如，教师可以与其他学科的教师进行合作教学，共同设计和实施融合教学的课程和活动。通过合作教学，教师之间可以互相学习和借鉴对方的教学经验和教学方法，提升自己的跨学科教学能力。同时，教师可以将自己的教学经验和研究成果进行分享和交流，促进跨学科教学的发展和创新。

3. 教师自我提升和发展的鼓励

在实施融合教学的过程中还需要鼓励教师进行自我提升和发展。例如，学校可以建立教师评价机制，对教师在融合教学方面的表现和成果进行评价和奖励。同时，学校可以为教师提供晋升和发展的机会，激励他们不断提升自己的跨学科教学能力和素养。这些措施的实施可以激发教师的工作热情和创造力，推动融合教学的不断发展和创新。

第三节　初中音乐教学与历史学科的融合

在初中教育阶段，音乐与历史作为两门富有深度和广度的学科，各自承载着独特的文化价值和教育意义。将音乐教学与历史学科进行有机融合，不仅能够拓宽学生的知识视野，还能激发他们的学习兴趣和创造力。

一、融合内容与方法

在初中教育阶段，将音乐教学与历史学科相融合，不仅能够丰富教学内容，还能激发学生的学习兴趣，培养他们的跨学科思维。

（一）历史音乐鉴赏：穿越时空的旋律之旅

历史音乐鉴赏是一种将音乐与历史相结合的有效教学方式。通过引导学生鉴赏不同历史时期的音乐作品，他们不仅能够领略到音乐的魅力，还能深入了解历史的发展脉络和社会变迁。

1. 古代音乐的魅力与历史文化

古代音乐是历史音乐鉴赏的重要组成部分。在引导学生鉴赏古代音乐作品时，教师可以结合古代社会的政治、经济、文化状况，深入讲解古代音乐的起源、发展和特点。例如，在鉴赏先秦时期的音乐作品《高山流水》时，教师可以先介绍春秋战国时期的"礼乐"制度；让学生了解到音乐在古代社会中的重要地位。同时，通过讲解《高山流水》的创作背景和故事，学生可以感受到古代音乐的独特韵味和深厚底蕴，以及其中蕴含的友谊和忠诚的价值观。

2. 近现代音乐的创新与变革

近现代音乐是历史音乐鉴赏的另一重要内容。与古代音乐相比，近现代音乐在风格、节奏和表现手法上都发生了显著的变化。在鉴赏近现代音乐作品时，教师可以结合近现代社会的变革和发展，讲解近现代音乐的创新性和多样性。例如，在鉴赏20世纪初的中国音乐作品《义勇军进行曲》时，教师可以先介绍当时的社会背景和民族危机，然后引导学生分析这首歌曲如何运用激昂的旋律和振奋人心的歌词。通过这样的教学方式，学生可以更加深入地理解近现代音乐作品与社会变革的紧密关系。

3. 跨时空的音乐对话与比较

通过历史音乐鉴赏，学生不仅可以领略到不同历史时期的音乐作品，还可以与其进行跨时空的音乐对话。教师可以引导学生比较不同历史时期的音乐作品在风格、节奏和表现手法上的异同，让他们更加深入地理解音乐作品与时代背景的关系。例如，可以比较古代音乐《广陵散》与近现代音乐《黄河大合唱》在旋律、节奏和情感表达上的不同，让学生感受到音乐是如何随着时代的变迁而演变的。同时，教师可以鼓励学生发挥自己的想象力和创造力，尝试将现代音乐元素融入古代音乐作品，或将古代音乐元素融入现代音乐作品，创作出具有跨时空特色的音乐作品。

（二）音乐与历史事件关联：旋律中的历史回响与见证

音乐作品往往能够反映历史事件和社会变迁，成为历史的见证和记录。在初中音乐教学与历史学科的融合中，我们可以引导学生探讨音乐作品如何反映历史事件、社会变迁等，让他们在旋律中聆听历史的回响。

1. 音乐作品中的历史见证与记录

许多音乐作品都是历史事件的见证和记录。在引导学生探讨音乐作品与历史事件的关系时，教师可以选取具有历史意义的音乐作品进行鉴赏和分析。例如，《义勇军进行曲》就是在抗日战争时期创作的一首歌曲，它见证了中国人民的抗日斗争和民族精神的觉醒。通过鉴赏和分析这首歌曲的创作背景、旋律特点和歌词内容，学生可以更加深入地了解抗日战争的历史背景和民族精神的内涵。同时，教师可以引导学生思考这首歌曲在当时的社会中起到了怎样的作用，以及它对于后世的影响和意义。

2. 旋律中的社会变迁与情感表达

音乐作品不仅能够反映历史事件，还能够记录社会变迁的轨迹，表达人们的情感。在探讨音乐作品与社会变迁的关系时，教师可以选取不同历史时期的音乐作品，对其进行比较和分析。例如，通过比较清朝末年和民国时期的音乐作品，学生可以了解到社会变革对音乐风格和表现手法的影响；通过比较新中国成立初期和改革开放时期的音乐作品，学生可以感受到社会发展和时代变迁对音乐创作的推动作用。同时，教师可以引导学生分析这些音乐作品是如何表达当时的人们的情感和社会氛围的，让他们更加深入地理解音乐作品与社会变迁的紧密联系。

3. 用音乐讲述历史故事与传承文化

除了鉴赏和分析音乐作品外，教师还可以引导学生尝试用音乐来讲述历史故事和传承文化。学生可以选取自己感兴趣的历史事件或人物作为创作主题，结合所学的音乐知识和技能进行创作。例如，学生可以创作一首反映红军长征的歌曲或一首赞美历史英雄人物的乐曲，从而可以更加深入地了解历史事件和人物，也能提升自己的音乐创作能力和艺术表现力。同时，学生的作品可以成为传承和弘扬历史文化的重要载体。

（三）创作历史题材音乐作品：艺术与历史的交融与创新

鼓励学生创作与历史事件相关的音乐作品是初中音乐教学与历史学科融合的另一种富有创意和实效的教学方式。通过创作历史题材的音乐作品，学生可以将所学的音乐知识和技能与历史知识相结合，创作出具有历史韵味和艺术价值的音乐作品。

1. 选择历史题材激发创作灵感

历史题材是音乐创作的重要灵感来源之一。在引导学生创作历史题材的音乐作品时，教师可以提供丰富的历史资料和素材供学生参考和借鉴。例如，教师可以提供关于某个历史时期的社会背景、风俗习惯、人物形象等方面的资料让学生了解和感受那个时代的气息和氛围。同时，教师可以鼓励学生根据自己的兴趣和喜好选择特定的历史事件或人物作为创作主题，激发他们的创作灵感和热情。

2. 将音乐技能与历史知识相结合进行创作

在创作历史题材的音乐作品时，学生需要将所学的音乐技能和历史知识相结合进行创作。例如，学生可以根据历史事件或人物的情感和氛围选择合适的音乐风格和节奏，也可以根据历史人物的形象和性格特征创作出具有鲜明个性的音乐主题，还可以运用所学的音乐理论知识对音乐作品进行结构和和声的设计等。通过这样的创作过程，学生可以更加深入地理解和运用所学的音乐知识和技能，同时能够提升自己的历史素养和文化底蕴。此外，他们的作品也可以成为融合艺术与历史、传统与创新的佳作。

3. 展示与评价：艺术与历史的交融成果与反思

在学生完成历史题材的音乐作品创作后，教师可以组织展示和评价活动让学生将自己的作品进行展示。在展示过程中，学生可以介绍自己的创作灵感和创作过程，分享自己的创作心得和体会。在评价过程中，教师可以引导学生从音乐作品的艺术性、历史性和创新性等方面进行评价和讨论。通过这样的展示和评价活动，学生可以更加深入地感受到艺术与历史交融的魅力，同时能够提升自己的艺术表现力和历史素养。同时，他们可以从同伴和教师的反馈中汲取经验和教训，为今后的创作和学习提供有益的借鉴和参考。

二、案例分析

《长征组歌》音乐与历史融合教学是一堂富有深度和广度的课程，它巧妙地将音乐与历史两个学科相结合，使学生在欣赏和演唱音乐作品的同时，深入了解长征的历史背景和重大意义。

（一）教学目标：深化历史认知，激发爱国情怀

本节课的教学目标明确而深远，旨在通过欣赏和演唱《长征组歌》，引导学生了解长征的历史背景和重大意义，进而激发他们的爱国情怀和民族精神。这一目标体现了音乐与历史学科的深度融合，不仅要求学生掌握音乐作品的演唱技巧，还要求他们深入理解音乐作品背后的历史内涵和民族精神。

1. 了解长征历史，增强历史认知

通过本节课的学习，学生将深入了解长征的历史背景和重大意义。他们将了解到长征是中国革命史上的一次伟大壮举，是中国共产党领导的红军为了摆脱国民党军队的围剿，进行的一次艰苦卓绝的战略转移。对这一历史事件的认知，将使学生更加珍视今天的幸福生活。

2. 激发爱国情怀，弘扬民族精神

《长征组歌》作为一部反映长征历史的音乐作品，具有深厚的爱国情怀和民族精神。通过欣赏和演唱这部作品，学生将深刻感受到长征英雄的英勇事迹和革命先烈的崇高精神。这种情感的熏陶和感染将激发学

生的爱国情怀和民族精神，使他们更加热爱自己的祖国，更加坚定地为实现中华民族伟大复兴的中国梦而努力奋斗。

（二）教学过程：循序渐进，深度融合

本节课的教学过程设计得循序渐进，环环相扣，充分体现了音乐与历史学科的深度融合。

1. 历史背景介绍——奠定认知基础

在教学过程的开始阶段，教师首先介绍长征的历史背景和重大意义。这一环节的设计，旨在为学生奠定认知基础，使他们能够更好地理解音乐作品背后的历史内涵。通过教师的讲解和多媒体的辅助展示，学生将直观地了解到长征的艰苦卓绝和英雄事迹，为后续的音乐作品欣赏和演唱做好铺垫。

2. 音乐作品欣赏——感受情感意境

在学生对长征历史有了一定了解的基础上，教师播放《长征组歌》的录音或视频。这一环节的设计，旨在引导学生认真聆听并感受音乐作品的情感和意境。通过欣赏这部作品，学生将深刻感受到长征英雄的英勇事迹和革命先烈的崇高精神，从而更加深入地理解长征的历史意义和民族精神。

3. 学唱音乐作品——亲身体验艰辛

在学唱《长征组歌》中的部分歌曲时，教师引导学生亲身体验长征的艰辛和英勇。这一环节的设计，旨在使学生通过演唱音乐作品来更深入地感受长征的历史内涵和民族精神。在演唱过程中，学生将尝试模仿长征英雄的英勇形象，用歌声来表达对长征历史的敬仰和对革命先烈的缅怀之情。

4. 创作与表演——展现个人理解

为了鼓励学生将所学知识与个人感受相结合，教师引导他们根据长征的历史背景和自己的感受，创作一首与长征相关的歌曲或乐曲并进行表演。这一环节的设计旨在培养学生的创新能力和实践能力，同时使他们能够更加深入地理解和表达长征的历史意义和民族精神。在创作和表演过程中，学生将充分发挥自己的想象力和创造力来展现对长征历史的独特理解。

5. 总结与评价——引导深入思考

在教学过程的最后阶段，教师对学生的表演给予肯定和鼓励并进行总结评价。这一环节的设计旨在引导学生思考音乐作品如何反映历史事件和激发爱国情怀。通过教师的总结和评价，学生将更加深入地理解音乐作品与历史事件之间的紧密联系，以及音乐作品在激发爱国情怀方面的重要作用。同时他们将学会如何运用音乐作品来表达自己的情感和审美体验。

（三）教学效果：提升认知与素养，激发爱国情怀

通过本节课的学习，学生对长征的历史背景和重大意义有了更深入的了解和认识。他们不仅掌握了《长征组歌》的演唱技巧，还深入理解了音乐作品背后的历史内涵和民族精神。同时，他们的音乐素养和爱国情怀得到了显著提升。

1. 深化历史认知，提升历史素养

通过本节课的学习，学生对长征历史有了更加深入的了解和认识。他们不仅了解了长征的历史背景和重大意义，还深刻感受到了长征英雄的英勇事迹和革命先烈的崇高精神。这种深刻的历史认知将使学生更加珍视今天的幸福生活，他们的历史素养也将得到显著提升。

2. 提升音乐素养，激发爱国情怀

通过欣赏和演唱《长征组歌》，学生的音乐素养得到了显著提升。他们不仅学会了如何演唱这部作品，还学会了如何运用音乐作品来表达自己的情感和审美体验。在演唱和创作过程中，学生深刻感受到了长征英雄的英勇事迹和革命先烈的崇高精神，从而更加热爱自己的祖国，更加坚定地为实现中华民族伟大复兴的中国梦而努力奋斗。

三、融合教学的挑战与对策

在实施音乐与历史学科融合教学的过程中面临着诸多挑战。这些挑战既来自学科本身的特性，也来自教师的教学能力和学生的接受程度。为了有效地应对这些挑战，需要深入分析问题的本质，并提出切实可行的对策与建议。

（一）挑战一：历史知识的准确性

历史知识的准确性是融合教学中的首要挑战。历史是一门严谨的学科，它要求教师在传授历史知识时必须确保知识的准确性和真实性。然而，在融合教学中，由于音乐作品的介入，有时可能会使历史知识的传达变得模糊或失真。

1. 深入研究和核实历史资料

为了确保历史知识的准确性，教师在备课过程中必须深入研究和核实历史资料。他们应该查阅权威的历史文献，确保所传授的历史知识有据可依，准确无误。同时，教师应该关注历史知识的最新研究成果，及时更新自己的知识储备。

2. 引导学生正确理解和解读历史事件和人物

在教学过程中，教师要引导学生正确理解和解读历史事件和人物。他们应该通过讲解、讨论、案例分析等方式，帮助学生深入理解历史事件的背景、过程和影响，以及历史人物的性格、行为和贡献。同时，教师要避免对历史事件和人物的误导和曲解，确保学生形成正确的历史观。

3. 邀请历史专家或学者举办讲座或辅导

为了进一步保证历史知识的准确性，教师可以邀请历史专家或学者举办讲座或辅导。这些专家或学者可以为学生提供更准确和深入的历史知识，解答他们在学习过程中遇到的疑难问题。同时，他们可以分享自己的研究经验和学术成果，激发学生对历史学科的兴趣和热情。

（二）挑战二：音乐作品的选择

音乐作品的选择是融合教学中的另一个重要挑战。音乐作品的选择不仅关系到教学效果的好坏，还直接影响到学生对历史知识的理解和接受程度。

1. 根据教学目标和内容选择音乐作品

为了确保音乐作品的选择符合教学需求和学生的实际情况，教师要根据教学目标和内容选择具有代表性和典型性的音乐作品。这些音乐作品应该能够反映历史事件或人物的精神内涵和情感表达，有助于学生对历史知识的深入理解和感受。

2. 考虑学生的年龄、兴趣和能力水平

在选择音乐作品时，教师还要考虑学生的年龄、兴趣和能力水平。他们应该选择适合学生年龄段的音乐作品，确保学生能够理解和欣赏这些作品。同时，教师要关注学生的兴趣和爱好，选择能够引起他们共鸣和兴趣的音乐作品。此外，教师还要根据学生的能力水平选择适当的音乐作品难度，确保学生能够顺利完成学习任务。

3. 鼓励学生自己选择和推荐音乐作品

为了增强教学的多样性和互动性，教师可以鼓励学生自己选择和推荐音乐作品。这不仅可以激发学生的主动性和创造性，还可以使教学更加贴近学生的实际需求和兴趣。同时，教师可以通过学生的选择和推荐了解他们的音乐偏好和学习需求，为今后的教学提供有益的参考。

（三）挑战三：跨学科教学的能力

跨学科教学的能力是融合教学中的核心挑战。融合教学要求教师具备跨学科的教学能力和素养，能够灵活运用不同学科的知识和方法进行教学。然而，现实中很多教师可能只擅长自己的学科领域，对于其他学科的教学可能不太熟悉或缺乏经验。

1. 加强教师的培训和学习

为了提升教师的跨学科教学能力和素养，学校应该加强教师的培训和学习，定期组织跨学科教学研讨会和培训课程，邀请相关学科的专家或学者举办讲座和指导。同时，学校可以鼓励教师参加跨学科的教学研究项目或交流活动，不断提升自己的教学水平和能力。

2. 积极参与跨学科的教学研究和交流活动

除了学校的培训和学习外，教师还应该积极参与跨学科的教学研究和交流活动。他们可以与其他学科的教师进行合作共同设计和实施融合教学课程，实现资源共享和优势互补。同时，教师还可以通过参加学术会议、发表教学论文等方式展示自己的研究成果和教学经验，与其他教师进行交流和分享。

3. 与其他学科教师共同设计和实施融合教学课程

为了实现真正的融合教学，教师应该与其他学科的教师进行紧密的合作。他们可以共同设计和实施融合教学课程，确保课程内容的连贯性和一致性。同时，教师可以在教学过程中相互借鉴和学习，不断提升自己的跨学科教学能力和素养。通过合作与交流，教师可以更好地应对融合教学中的挑战，为学生提供更加优质的教学服务。

参考文献

[1] 王英. 在初中音乐课堂教学中提升学生审美能力的有效策略 [J].
甘肃教育研究, 2024（11）：106-108.

[2] 周媛. 立足学生素养, 开展深度学习：论如何构建初中音乐高效课
堂 [J]. 甘肃教育研究, 2024（10）：47-49.

[3] 杨婉婷, 胡阳. 课程思政背景下初中音乐课堂教学改革的若干思考
[J]. 大众文艺, 2024（13）：144-146.

[4] 刘菲菲. 初中音乐教学中学生核心素养培养有效路径探究：以常州
市G区H中学为例 [J]. 民族音乐, 2024（3）：100-102.

[5] 张培源. 逆向教学理论下初中生音乐审美力培养策略研究 [J]. 乐
器, 2024（6）：34-36.

[6] 王得超. 多元文化视域下初中音乐识谱教学的有效性策略探讨
[J]. 华夏教师, 2024（15）：117-119.

[7] 黄小猛. 基于核心素养培育的初中音乐教育路径探索 [J]. 华夏教
师, 2024（15）：111-113.

[8] 徐睿涵, 沙莎. "非遗" 资源融入地方初中音乐课程的价值及教
学策略：以鲁西南鼓吹乐为例 [J]. 戏剧之家, 2024（14）：
179-182.

［9］贺林.信息化背景下初中音乐教学模式与理念的创新［J］.中国新
通信，2024，26（9）：242-244.

［10］刘平，张海彬.初中音乐教师课堂教学反思现状研究［J］.戏剧
之家，2024（11）：116-118.

［11］李依依，任小芳.音随情动：情景教学法在初中音乐歌唱课上运
用路径探析［J］.当代音乐，2024（4）：41-43.

［12］杨浩然.新课标背景下的初中音乐教学探索［J］.当代音乐，
2024（4）：62-64.

［13］潘琳.钢琴即兴伴奏在初中音乐教学中的实践运用探析［J］.当
代音乐，2024（4）：32-34.

［14］唐语.优秀音乐教学法在初中音乐教学中的运用［J］.当代音
乐，2024（4）：71-73.

［15］郭桂娟.基于信息技术提升八年级音乐质量的路径思考［J］.中
国新通信，2024，26（7）：242-244.

［16］魏秀侠.本土音乐融入初中音乐课堂的实践研究：以安徽省为例
［J］.戏剧之家，2024（9）：105-107.

［17］周小涵.中华优秀传统戏剧融入学校音乐课堂教学研究：以初中
藏戏鉴赏课为例［J］.戏剧之家，2024（8）：51-53.

［18］王宇轩，包俊，高铭阳，等.民歌在初中音乐课程中的教学现状
及发展对策研究：以c市初中为例［J］.大众文艺，2024（5）：
195-197.

［19］纪俐羽.初中音乐课堂中的"双基"教学：以XX中学为例［J］.
中国民族博览，2024（5）：169-171.

［20］管乐，苗思煦.初中音乐跨学科教学研究：以《青春舞曲》为例
［J］.音乐天地，2024（3）：14-18.

［21］许香宇.山东琴书引入初中音乐课堂教学探究［J］.戏剧之家,
　　　2024（7）：196–198.

［22］张雨欣,庆歌乐.大概念视域下"草原牧歌"音乐单元教学探析
　　　［J］.教育科学论坛,2024（7）：55–58.

［23］叶永清.如何在音乐教学中实施心理健康教育［J］.中国音乐
　　　剧,2024（1）：89–92.

［24］莫莉花.基于传统戏曲的初中音乐课堂教学探究：以昆曲为例
　　　［J］.中国民族博览,2024（4）：163–165.

［25］林燕妮.新课改背景下初中音乐实践活动优化路径探索［J］.国
　　　家通用语言文字教学与研究,2024（2）：194–196.

［26］刘小燕.立德树人观念下初中音乐德育教学策略［J］.亚太教
　　　育,2024（4）：70–72.

［27］冯梅.新时代背景下的初中音乐合唱教学策略［J］.亚太教育,
　　　2024（4）：76–79.

［28］沈姝玺.核心素养视域下初中音乐大单元教学研究［J］.黄河之
　　　声,2024（3）：148–151.

［29］许晓艳.可视化教学：高效音乐课堂构建困境的纾解［J］.华夏
　　　教师,2024（5）：85–87.

［30］刘晶晶.核心素养视域下初中音乐歌唱教学的实践探讨［J］.当
　　　代音乐,2024（2）：67–69.

［31］刘蕴.民族乐器演奏技能在初中音乐教育中传承的路径研究
　　　［J］.当代音乐,2024（2）：85–87.

［32］吴琬莹.初中音乐微课实践探析：以《青春舞曲》为例［J］.中
　　　国民族博览,2024（2）：136–138.

［33］杨梦涵.音乐教学评价在初中音乐课堂中的有效实施［J］.大众

文艺，2024（2）：136–138.

［34］袁杰.核心素养视域下初中音乐大单元教学设计：以人教版初中音乐"春之声"单元为例［J］.科学咨询（教育科研），2024（1）：214–217.

［35］夏雄军，柳飒爽.从单维走向多元：STEAM教育理念融入初中音乐欣赏教学的当代解读［J］.音乐教育与创作，2024（1）：34–36，50.

［36］白汝玮.以乐启智音你而美：论学科育人视域下初中音乐教学策略［J］.中国民族博览，2024（1）：159–161.

［37］高霞.基于初中音乐跨学科融合教学的实践与探究：以"多彩的民歌"为例［J］.中国民族博览，2024（1）：180–182.

［38］王凌燕.民族音乐在初中音乐教学中的应用［J］.戏剧之家，2024（1）：190–192.

［39］江辛宇，汪煜凡.新课标引领下初中中国传统音乐教学的新路径探究［J］.戏剧之家，2024（1）：193–195.

［40］宋秀云.初中音乐教学中培养学生乐感的策略解析［J］.华夏教师，2024（1）：123–125.

［41］张传利.指向思维能力培养的初中音乐信息化教学实践研究［J］.华夏教师，2023（36）：88–90.